DNAコンピュータ
がわかる本

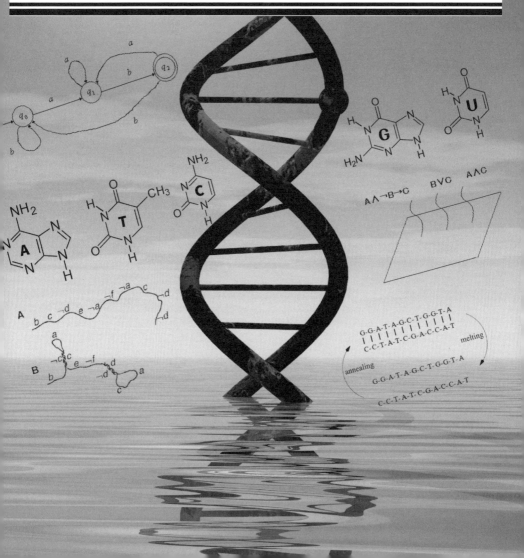

まえがき

　「コンピュータ」は、現在、我々の必需品になり、さまざまな用途で用いられています。30年前と比べると、小型化され、性能も飛躍的に高速化されました。
　しかし、さらなる小型化や高速化には限界があると考えられています。というのは、現在のコンピュータは「フォン・ノイマン」(von Neumann)が提案した、いわゆる「ノイマン型」のアーキテクチャに基づいているからです。

　1980年代以降、「ノイマン型」とは異なるコンピュータの研究が行なわれています。この「非ノイマン型」の中で、現在、注目されているのが、「量子コンピュータ」と「DNAコンピュータ」です。

＊

　「量子コンピュータ」は、「量子力学」の原理を利用して超高速の計算を目指すコンピュータです。
　一方、「DNAコンピュータ」は、生物の「DNA」を利用して小型化を可能にするコンピュータです。そして、「DNAコンピュータ」は、「分子コンピュータ」の1つの形態とも考えられます。しかし、「量子コンピュータ」と比べて、研究が進んでいるとは言えません。

＊

　「DNA」は、ワトソン (Watson)とクリック (Click)によってその構造が解明され、生化学や医学の発展に貢献しました。
　1994年に、エーデルマン (Adelman)は「DNAコンピュータ」の基礎理論を提案しました。また、2004年には、シャピロ (Shapiro)が「分子オートマトン」を提案しました。しかし、現在、「DNAコンピュータ」は、完全な実用化には至っていません。

　今後、「DNAコンピュータ」は、新しいコンピュータとして注目されることでしょう。そのため、「DNAコンピュータ」の理論と応用の現状を把握するのは、非常に重要だと考えられます。

　「DNAコンピュータ」を理解するには、「コンピュータ・サイエンス」や「生化学」などの知識が必要になります。本書は、これらを考慮して「DNAコンピュータ」を解説します。

＊

　「DNAコンピュータ」は現段階では実用化されているとは言えませんが、今後の大きな可能性を考えると、有望な次世代コンピュータの1つであることに違いはありません。本書を読むことで、「DNAコンピュータ」の現状を把握できることでしょう。

赤間　世紀

DNAコンピュータがわかる本
CONTENTS

まえがき ……………………………………………………………………… 3

第1章　　　　　　序　論
[1.1]　DNA コンピュータとは …………………………………………… 7
[1.2]　歴史 ………………………………………………………………… 10

第2章　　　　　　DNA
[2.1]　DNA ………………………………………………………………… 21
[2.2]　分子演算 …………………………………………………………… 30

第3章　　　　　　DNA コンピュータの基礎
[3.1]　エーデルマンのアプローチ ……………………………………… 33
[3.2]　リプトンのアプローチ …………………………………………… 43
[3.3]　萩谷のアプローチ ………………………………………………… 55
[3.4]　スティッカー・システム ………………………………………… 59
[3.5]　分子オートマトン ………………………………………………… 70

第4章　　　　　　「DNA コンピューティング」と「バイオ・テクノロジー」
[4.1]　ユニバーサル DNA チップ ………………………………………… 89
[4.2]　知的 DNA チップ …………………………………………………… 91
[4.3]　自己組織化 ………………………………………………………… 103

第5章　　　　　　「DNA コンピュータ」の構成
[5.1]　「DNA コンピュータ」の「アーキテクチャ」 …………………… 115
[5.2]　「DNA コンピュータ」の実用化 …………………………………… 132

第6章　　　　　　展　望
[6.1]　現状 ………………………………………………………………… 135
[6.2]　将来 ………………………………………………………………… 137

参考文献 …………………………………………………………………… 140
索引 ………………………………………………………………………… 142

●各製品名は一般に各社の登録商標または商標ですが、®およびTMは省略しています。

第 1 章

序 論

この章では、「DNAコンピュータ」の概要を、「動機」「利点」「将来性」を含めて説明します。
また、「DNAコンピュータ」研究の歴史も紹介します。

1.1 　　DNAコンピュータとは

　「コンピュータ」(computer) は、現在、我々の必需品になり、さまざまな用途で用いられています。30年前から比べると、小型化され、性能も飛躍的に高速化されました。

　しかし、さらなる小型化や高速化には限界があると考えられています。というのは、現在のコンピュータは、「フォン・ノイマン」(von Neumann) が提案した、いわゆる「ノイマン型」のアーキテクチャに基づいているからです。

【「非ノイマン型」のコンピュータ】

　1980年代以降、「ノイマン型」とは異なるコンピュータが研究されてますが、これらは総称して、「非ノイマン型」と言います。
　その中で、現在、注目されているのが、「**量子コンピュータ**」(quantum computer) と「**DNA コンピュータ**」(DNA computer) です。

*

　「量子コンピュータ」は、「量子力学」の原理を利用し超高速の計算を目指すコンピュータです (赤間 (2010)、Akama (2015) 参照)。

第1章 序論

　実際、それまで安全と考えられていた「RSA暗号」が、「量子コンピュータ」によって解読できる可能性が指摘されました。

　一方、「**DNAコンピュータ**」は、生物の「DNA」を利用して、小型化を可能にするコンピュータ (Amos (2005) 参照) であり、「分子コンピュータ」の1つの形態とも考えられます。
　ただ、「量子コンピュータ」と比べて、研究が進んでいるとは言えません。

【バイオ・コンピュータ】
　「DNAコンピュータ」は、「**バイオ・コンピュータ**」(biocomputer) の一種とも考えられます。「バイオ・コンピュータ」は、生物の「脳」や「神経」の機能を利用したコンピュータで、「バイオロジカル・コンピュータ」とも言います。「バイオ・コンピュータ」は、新しい発想で計算を行ないます。

＊

※なお、「バイオ・コンピュータ」には、「人間の脳」などの機構をシミュレートするものと、「半導体」の代わりに「バイオ素子」を用いるものがあります。
　前者には、「ニューロ・コンピュータ」(neurocomputer) があります。

　後者には「DNAコンピュータ」「分子コンピュータ」などの「バイオ・コンピュータ」があります。
　なお、「DNAコンピュータ」と「分子コンピュータ」は、ほぼ同じ意味で用いられます。

【DNAコンピュータの特徴】
　「バイオ・コンピュータ」の中でもっとも有望視されているのが「DNAコンピュータ」で、次のような特徴があります。

---

　(1) 超並列による超高速計算が可能である。

(2) コンピュータの小型化や省エネルギー化が可能である。

(3) 新しい計算モデルを提供する。

(4) 医療分野への応用が可能である。

---

(1) は、「DNA コンピュータ」は、従来の「ノイマン型コンピュータ」と違って、超並列が可能なので、超高速計算ができる、ということです。

「ノイマン型コンピュータ」の「計算」は逐次的に行なわれ、並列計算には適していません。この利点は、「ニューロ・コンピュータ」や「量子コンピュータ」と同様です。

(2) は、分子レベルで「ハードウェア」を構成するので、コンピュータを小型化できる、ということです。従来の「ハードウェア」は、「機械」を用いるので、小型化には限界があります。

また、「DNA コンピュータ」の計算は、化学反応として行なわれるので、省エネルギー化できます。すなわち、エネルギーをあまり消費しないで計算ができます。なお、この特徴は、1980 年代に、ベネットによって指摘されています(Bennett (1982) 参照)。

(3) は、「DNA コンピュータ」が、従来と異なる「計算モデル」になる可能性がある、ということです。現在、「DNA コンピュータ」の「計算可能性」は、厳密には明らかではありません。

この問題を解決するには、「DNA チューリング・マシン」などの新しい計算モデルの形式化が必要になりますが、後述するように、「分子オートマトン」「スティッカー・システム」などの「計算モデル」が提案されています。

(4) は、「DNA コンピュータ」は、医療分野への新しい応用ができる、とい

うことです。「DNA コンピュータ」の原理および小型化などの特徴から、医療分野への応用が期待できます。

「DNA コンピュータ」は、超小型・超高速の、新しいタイプのコンピュータですが、一方では、医療分野に特化した「医療専用コンピュータ」とも考えられます。実際、これまでに実用化された「DNA コンピュータ」は、「医療専用コンピュータ」として開発されています。

1.2 歴 史

「バイオ・コンピュータ」の可能性については、すでに、1959 年にファインマン (Feynman) によって指摘されています (Feynman (1961) 参照)。
　ファインマンは、「生物システム」を利用することによって、コンピュータを小型化できる、と主張しています。

この論文は、「バイオ・コンピュータ」の理論を示すものではなく、コンピュータの超小型化を議論しています。「ファインマン」の出発点は、情報処理は極めて小さいレベル、すなわち「DNA」で行なわれている、ということです。

【ファインマン】

ファインマンは、次のように述べています。

> 生物学は、単に情報を記述するものではない。生物学は、情報について「何かを行なう」ことである。生物システムは、極めて小型にできる。

この引用 (および関連の議論) は、「DNA」などの「生物システム」を用いれば、超小型コンピュータを実現できることを暗に言っています。

[1.2] 歴 史

　ファインマンは、物理学の観点から、コンピュータの小型化のさまざまな可能性を論じ、究極的には、「原子 (または分子) レベルのコンピュータ」の必要性を指摘しています。

　ここで言う、「原子レベルのコンピュータ」は「量子コンピュータ」であり、「分子レベルのコンピュータ」は「DNA コンピュータ」だと解釈できます。
　ファインマンは「生物システム」を利用した超小型コンピュータの可能性を指摘していますが、理論的に、いかに「DNA コンピュータ」を構築するかについては、何も述べていません。

　ファインマンは、1980 年代にも、「エネルギー消費」と「可逆性」の観点から、「DNA」を用いた複写処理について考察しています (Feynman et al. (1996) 参照)。この考察は「DNA」による計算の可能性を示しています。

　ファイマンのこれらの議論を考慮して、彼が「DNA コンピュータ」を提案した、と言えるかについては議論が分かれるかもしれません。しかし、アイデア自体は非常に重要と考えられます。

Richard Phillips Feynman (米:1918-1988)

　なお、ファインマンは 1960 年代に「量子コンピュータ」のアイデアも提案しています (Feynman (1982) 参照)。ファインマンの「分子コンピュータ」「量

子コンピュータ」のアイデアは、当時、実現可能性が低いと考えられ、実際に研究者が注目し始めたのは、数十年後 (1990 年代) です。

【ベネット】

1982 年に、ベネット (Bennett) は熱力学を基礎としたコンピュータを提案しています (Bennett (1982) 参照)。ベネットは、「ブラウン運動」を計算原理とする「ブラウン・コンピュータ」(Brownian computer) を提案しましたが、これは、「分子」を利用した計算が可能なことを示したものです。

Charles H. Bennett (米:1943-)

ベネットは、「熱力学」の観点から、「可逆計算」(Reversible computing) の重要性を指摘し、「分子コンピュータ」「量子コンピュータ」の可能性を理論的に議論しています。

「可逆計算」とは、出力から入力を構成できる「計算」で、エネルギーを消費せずに計算できます。「ブール計算」は「可逆計算」ではありませんが、「分子計算」「量子計算」は「可逆計算」です。

ベネットは、次のように述べています。

〔1.2〕歴 史

> 「分子ブラウンコンピュータ」がいかに動作するかを理解するために、まず、単純な装置、すなわち、「ブラウンテープ複製マシン」を考える。このような装置は、「RNA ポリメラーゼ」の形で実際に存在する。「RNA ポリメラーゼ」は、「DNA 分子」の複数の遺伝子の「相補 RNA」の複製を合成する酵素である。そして、この「RNA」は、これらの遺伝子でエンコードされる「タンパク質」の合成に寄与する。

　ベネットのこの考察は、「『RNA ポリメラーゼ』の複製機能」と「データを複製するマシン」の類似性を指摘したものです。
　彼は、さらに、「分子レベルで可逆的」な「エネルギーを消費しない『チューリングマシン』および『コンピュータ』」を構成できる、と主張しています。

　ベネットの研究は、エーデルマンの「DNA コンピュータ」の構成にも影響を与えたと思われます。実際、エーデルマンの「DNA コンピュータ」では、「ポリメラーゼ」が利用されています。したがって、ベネットは「DNA コンピュータ」の先駆者とも言えるでしょう。

【コンラッド】

　1985 年に、コンラッド (Conrad) は、「分子コンピュータ」の概要を提案しました (Conrad (1985) 参照)。すなわち、理論的には「分子コンピュータ」の実現できることが明らかになりました。

　なお、コンラッドは、1970 年代に、すでにベネットと同様に「DNA」と自己複製マシンの類似性に注目し、分子レベルの情報処理について議論しています (Conrad (1972) 参照)。

　コンラッドは、「デジタル回路」の代わりに「分子」によって計算ができるこ

とを主張しています。しかし、コンラッドは、「分子コンピュータ」を含むすべてのコンピュータには、「プログラミング可能性」「計算効率性」「進化的適用性」の間のトレード・オフがあるとも指摘しています。

【ヘッド】

1987 年、ヘッド (Head) は、「DNA 遺伝子組み換え」のモデルを「形式言語理論」の枠組みで形式化した**「スプライシング・システム」**(splicing system) を提案しました (Head (1987) 参照)。

なお、「スプライシング・システム」は、彼の名前に因み、「H システム」とも言います。

「スプライシング・システム」は「DNA コンピューティング」のために考案されたものではありませんが、後の研究、特に、「スティッカー・システム」などの「形式言語理論」を用いた理論に大きな影響を与えました (Paun et al. (1998) 参照)。

1991 年、ヘルムフェルト (Hjelmfelt) らは、「ニューラル・ネットワーク」と「チューリングマシン」の化学的実装を提案しています (Hjelmfelt et al. (1991) 参照)。彼らは、単一安定状態の可逆的化学反応機構とニューロンの性質の類似性に注目し、「化学的ニューラル・ネットワーク」による論理ゲートの実装などを考察しています。

*

以上の研究は「DNA コンピュータ」の可能性に関するもので、具体的な研究は 1990 年代以降になります。

【エーデルマン】

1994 年に、南カリフォルニア大学のエーデルマン (Adleman) は、実験的な「DNA コンピュータ」を実現し、**「ハミルトン経路問題」**(Hamilton path problem) を解きました (Adleman (1994) 参照)。

なお、エーデルマンは「**RSA 暗号**」(RSA code) の開発者としても知られています (Rivest, Shamir and Adleman (1978) 参照)。「RSA 暗号」は、「インターネット」などのシステムのセキュリティの基礎になっています。

エーデルマンの 1994 年の研究を契機に、「DNA コンピュータ」への関心は世界的に高まり、多くの研究者が「DNA コンピューティング」を研究するようになりました。

Leonard Max Adleman (米:1945-)

「ハミルトン経路問題」とは、グラフの辺を通る経路の中で、始点から出発してすべての頂点を一回のみ通り、始点に戻る経路を求める問題です。「ハミルトン経路問題」は、計算理論において重要な「NP 完全問題」の 1 つとしても知られています。

【リプトン】

エーデルマンの実験のすぐ後には、リプトン (Lipton) が「DNA コンピュータ」によって「**SAT 問題**」(satisfiability problem) を解いています (Lipton (1994) 参照)。

第1章　序　論

　なお、「SAT 問題」とは、「ブール代数式」が「充足」かを決定する問題で、「計算理論」で重要な「NP 完全問題」として知られてます。「ハミルトン経路問題」「SAT 問題」を解いたことで、「DNA コンピュータ」の有効性が明確になりました。

【1997 年以降】

　1997 年、荻原と Ray (レイ) は、「DNA コンピュータ」によって「ノイマン型コンピュータ」の基本である「ブール回路」が実装できることを示しました (Ogihara and Ray (1999, 2000))。彼らは、「AND ゲート」「OR ゲート」を「アリゴヌクレオチド DNA 列」によって実現しました。

　また、同年、アモス (Amos) は、世界で初めて「DNA コンピューティング」についての博士論文をイギリスのヴォーウィック大学で書きました (Amos (1997) 参照)。

萩谷昌巳（出典：東京大学ソーシャル ICT 研究センター）

　1998 年、カリ (Kari) らは、「DNA コンミューティング」の「形式言語理論」に基づく最初の形式モデルである「スティッカー・システム」(stcker system) を提案しました (Kari et al. (1998) 参照)。彼らの研究によって、「DNA コンピュータ」の「計算可能性」が形式文法的に明確になりました。

〔1.2〕歴 史

　1999年、東京大学の萩谷昌巳らは、「Whiplash PCR」によって「状態機械」を実現する手法を考案しました (Hagiya et al. (1999), Sakamoto et al. (1999) 参照)。「Whiplash PCR」では、それぞれの分子が「状態遷移」のためのプログラムを内蔵し、独立した計算ユニットとして振舞います。

　2000年、東京大学の萩谷昌巳らは、3変数の「充足可能性問題」を解く「DNA コンピュータ」を開発しました (Sakamoto et al. (2000) 参照)。彼らは、リプトンとは異なり、「ヘアピン」を用いた手法を実現しました。

　2002年、東京大学の陶山明らは、オリンパスと共同で実用的な「DNA コンピュータ」を開発しました (Suyama (2002) 参照)。さらに、「DNA コンピュータ」による生体情報解析の研究も進めています。

陶山明（出典：東京大学）

　同年、エーデルマンらは 20変数の「充足可能性問題」を「DNA コンピュータ」で解きました (Braich et al. (2002))。この研究は、「DNA コンピュータ」の計算能力を示したものとして注目されます。

　2004年に、イスラエルのワイツマン研究所のシャピロ (Shapiro) らは、入出力機能を備えた形の「DNA コンピュータ」の開発に成功しました (Benenson

第1章 序 論

et al. (2004) 参照)。

Ehud Shapiro (イスラエル:1957-)

　彼らの「DNA コンピュータ」では、「分子」によって入出力および計算ができます。また、「ハードウェア」「ソフトウェア」の両方が「分子」なので、彼らの研究は、「DNA コンピュータ」の実用化に向けての大きな前進と考えられます。

　2004 年、シーマン (Seeman) は、「DNA ナノテクノロジー」を提案しました (Seeman (2004) 参照)。「DNA ナノテクノロジー」は、その後の「自己組織化」による「DNA コンピュータ」の研究に大きな影響を与えました。

　2004 年、ウィンフリー (Winfree) は、「自己組織化」に基づく「DNA コンピュータ」を開発しました (Winfree (1998, 2004) 参照)。彼は、「タイリング理論」の成果から出発し、「DNA ナノテクノロジー」を用いた新しいタイプの「DNA コンピュータ」の実現に成功しました。

＊＊

　以上のように、「DNA コンピュータ」の研究は現在まで活発に行なわれています。そして、「DNA コンピュータ」についての論文は多数あります。しかし、

[1.2] 歴 史

　これから「DNA コンピュータ」を勉強する人にとっては状況はあまりよくありません。

　実際、「DNA コンピュータ」の教科書は洋書も含めてほとんどありません。洋書では、もっとも適当なものは Amos (2005) でしょう。また、和書についても萩谷, 横森 (2001) 以外本格的なものはありません。また、この本も、現在では、内容的に古く、内容的に難しい、と言えるでしょう。

　日本の「DNA コンピュータ」の専門家が教科書を書くべきなのでしょうが、研究に忙しいのか (?)、これまで、筆者の知る限り、日本語の教科書は出版されていません。したがって、本書が読者にとって「DNA コンピュータ」を学ぶ足掛かりになることを切望します。

第2章

DNA

この章では、「DNAコンピュータ」のベースである「DNA」について学びます。まず、「DNA」の構造を説明します。また、「DNA」のさまざまな分子演算の概要を紹介します。

2.1　DNA

　「**DNA**」(デオキシリボ核酸: Deoxyribonucleic acid) は、ほとんどの生物の「遺伝子」を構成する物質です。また、生物の遺伝子情報は、「**ゲノム**」(Genom) と言います。特に、人間のゲノムは「**ヒトゲノム**」(Human Genom) と言います。多くの生物の違いは、「ゲノム」の違いによるものです。

【核酸】

　「**核酸**」(Nucleic acid) は、すべての生物の細胞内にあるタンパク質合成や遺伝に関連する高分子の一種です。「核酸」には、大きく分けて「**DNA**」と「**RNA**」(リボ核酸: Ribonucleic acid) の2種類があります。

　「**塩基**」(base, アルカリ) とは、「**酸**」(acid) と対になって働く物質です。スウェーデンの科学者アレニウス (Arrhenius) によるもっと単純な定義によれば、「酸」は水溶液中で水素イオン (H^+) を生成する物質で、「塩基」は水酸化イオン (OH^-) を生成する物質です。なお、「酸」「塩基」には他の定義もあります。

　なお、「核酸」の構成単位は「**ヌクレオチド**」(nucleotide) と言います。「**ヌクレオシド**」(nucleoside) は、「塩基」と「糖」が結合した物質です。「ヌクレ

第2章 DNA

オチド」は、「ヌクレオシド」がリン酸化したものです。また、「ヌクレオチド」がポリマー化 (高分子化) したものが、「核酸」です。

「DNA」と「RNA」は、「糖」の部分の違いによって区別されます。

すなわち、「NDA」の「糖」は「デオキシリボース」(deoxyribose) で、「RNA」の「糖」は「リボース」(ribose) になっています。

【核酸塩基】

「核酸塩基」(nucleobase) は、「核酸」を構成する「塩基」で、次のようなものがあります。

- アデニン (A)
- グアニン (G)
- シトシン (C)
- チミン (T)
- ウラシル (U)

ここで、括弧内は省略文字を表わしています。これらの「核酸塩基」は、「RNA」を構成する「塩基」になります。また、「ウラシル」を除く4個の「核酸塩基」は、「DNA」の「核酸塩基」です。

*

「アデニン」(adenine) は、生体に存在する有機化合物でもっとも重要な4種類の「核酸塩基」の1つです。なお、「アデニン」の化学式は「$C_5H_5N_5$」です。また、「アデニン」の化学構造式は、次のようになります[1]。

---

[1] 本書では、頂点の炭素原子「C」を省略する記法を用いています。

〔2.1〕DNA

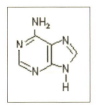

アデニンの化学構造式

「グアニン」(guanine) は、「核酸塩基」の 1 つで、海鳥の糞から発見されたのが、その名前の由来です。なお、「グアニン」の化学式は、「$C_5H_5N_5O$」です。また、「グアニン」の化学構造式は、次のようになります。

グアニンの化学構造式

「シトシン」(cytosine) は、「核酸塩基」の 1 つで、「DNA」では「グアニン」と水素結合し塩基対を構成します。なお、「シトシン」の化学式は、「$C_4H_5N_3O$」です。また、「シトシン」の化学構造式は、次のようになります。

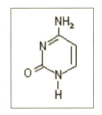

シトシンの化学構造式

「チミン」(thymine) は、核酸塩基」の 1 つで、「サイミン」とも言います。なお、「チミン」の化学式は、「$C_5H_6N_2O_2$」です。

また、「チミン」の化学構造式は、次のようになります。

第2章 DNA

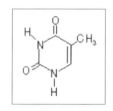

チミンの化学構造式

「ウラシル」(thymine) は、核酸塩基」の 1 つで、「RNA」に存在します。なお、「ウラシル」の化学式は、「$C_4H_4N_2O_2$」です。また、「ウラシル」の化学構造式は、次のようになります。

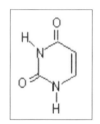

ウラシルの化学構造式

【DNA の構造】

「DNA」は、図 5.1 のように、「アデニン」(A)、「グアニン」(G)、「シトシン」(C)、「チミン」(T) の 4 種類の「塩基」の「二重らせん構造」になります。

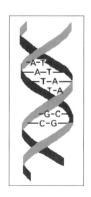

図 2.1 DNA の構造

[2.1] DNA

　ここで、4種類の「塩基」は、一方の鎖の「A」に対しては他の鎖の「T」のように、「G」に対しては「C」のように結合して2本の鎖は、「螺旋形」になっています。

*

　なお、「DNA」の二本鎖では、「塩基」は決まった相手と「水素結合」によって対になります。「A」と「T」および「G」と「C」が、そのような対になります。

　すなわち、一方の鎖に「A」(「G」)があれば、他方の鎖に必ず「T」(「C」)があります。このように、4種類の「塩基」の1つが水素結合で対になるもう1つの「塩基」が決まる性質は、「**相補性**」(complementarity) と言います。

*

　「二重らせん構造」によって、「DNA」の次のような機能を合理的に説明できます。まず、「DNA」の「分子」は、自らの同じ「塩基配列」の「分子」を複製できます。

　また、「DNA」の「分子」の「塩基配列」によって形成される遺伝子情報は「mRNA」によって転写され、「塩基配列」からタンパク質が合成されます。

　「DNA」が「二重らせん構造」であることは、1953年にワトソン (James D. Watson) とクリック (Francis H. C. Crick) によって発見されました (Watson and Crick (1953) 参照)。

　すなわち、「DNA」の構造は、上記のように2本の「ポリヌクレオチド鎖」が絡み合った「二重らせん構造」であることが解明されました。

第2章　DNA

左: James Dewey Watson (米:1928-)
右: Francis Harry Compton Crick (英:1916-2004)

　この研究によって、ワトソンとクリックは、ウィルキンス (Wilkins) とともに、1962 年にノーベル生理学・医学賞を受賞しました。
　なお、ウィルキンスは、当時「DNA」の X 線回折の研究を行なっており、その写真とデータが二重らせん構造モデルのヒントとなりました。

*

　「DNA」は 4 種類の塩基「A」「G」「C」「T」から構成されているので、「塩基配列」と解釈できます。ここで、「塩基」の並び方は遺伝情報を表わす暗号のようなもので、これによって「タンパク質」を生成します。

　したがって、「塩基配列」を決定することによって、「DNA」は解析されます。すでに多くの「ウィルス」や「ミトコンドリア」「葉緑体」などの「DNA」の「塩基配列」が解明されています。

*

　人間の「ゲノム」である「ヒトゲノム」は、約 30 億個の「塩基」で構成され、23 対の「染色体」に詰め込まれていることが知られています。

　また、他の動物や植物などの生物も固有の「ゲノム」をもちます。もちろん、「大腸菌」のような「単細胞生物」にも「ゲノム」は存在します。「ゲノム」の分析を行なうことによって、種の起源や進化などを解明できます。

〔2.1〕 DNA

＊

　なお、1982年には、生物のすべての「ゲノム」を解読する「ゲノム・プロジェクト」が開始され、2001年に完了しました。また、人間の「ゲノム」を解読する「ヒトゲノム計画」は1990年に開始され、2003年に完了しました。

【セントラル・ドグマ】

　生物内での「遺伝子情報」の伝達のプロセスを「**セントラル・ドグマ**」(Central Dogma) と言います。なお、「セントラルドグマ」は1958年にクリックによって提案されたものです (Crick (1958) 参照)。

　「セントラル・ドグマ」は、すべての生物は、情報貯蔵物質 (すなわち「DNA」) の情報が情報伝達物質 (すなわち「RNA」) を介して、機能物質 (すなわち「タンパク質」) の構造とそれによって生じる機能を規定すると、という原理です。したがって、生命活動は「セントラル・ドグマ」によって営まれている、と考えられます。

＊

　「セントラル・ドグマ」では、「遺伝子情報」の流れは図 2.2 のようになります。

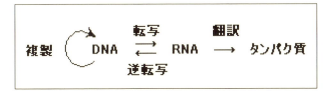

図 2.2　セントラル・ドグマ

　なお、図 2.2 の「遺伝子情報」の流れは一方向ですが、「RNA ウィルス」では、例外的に「RNA → DNA」の「遺伝子情報」の流れもあります。

＊

　「生物」は、「DNA」の情報を「**複製**」(replication) します。「複製」では、

「塩基」の相補性によって、「DNA」の情報が細胞から細胞へ伝えられます。

たとえば、「細胞分裂」などでは、まったく同一の「DNA」が作られるので、このプロセスは「複製」になります。

また、「生物」は「生命体」を維持するために、「タンパク質」を合成します。そのために、「DNA」は、まず、情報を読み取って、「塩基」の「相補性」によって「DNA」の情報を「RNA」に伝達します。これを「**転写**」(transcription) と言います。

そして、「転写」された「RNA」の不要な部分が除去されます。この処理を「**スプライシング**」(splicing) と言います。

最後に、「RNA」の必要な情報から「タンパク質」が合成されます。これが「**翻訳**」(translation) です。

当初、「DNA」の情報の流れは一方向、すなわち、「転写」「翻訳」のプロセスと考えられていましたが、すでに述べたように、「レトロウィルス」などの「生物」では「RNA」から「DNA」への「**逆転写**」(reverse transcription) があることが分かっています。

また、「DNA」の情報は、「修復」や「改良」もできます。
「DNA」の「**修復**」(repair) は、後述する「DNA ポリメラーゼ」を介して行なわれます。
「DNA」の「改良」は、いわゆる「遺伝子組み換え」に相当します。

以下では、「DNA コンピュータ」に関連する「DNA」に関する手法と概念のいくつかを紹介します。

〔2.1〕DNA

【ポリメラーゼ連鎖反応】

さて、遺伝情報は親から子へ受け継がれますが、これは親の「DNA」が同じ形で子で合成されるからです。このような合成のためには、「二重らせん構造」をほどき一本鎖にして、さまざまな「酵素」を作用させます。

「**DNA ポリメラーゼ**」(DNA polymerase) は、そのような「酵素」の総称で、一本鎖の「核酸」から相補的な「塩基配列」をもつ「DNA 鎖」を合成します。

「**ポリメラーゼ連鎖反応**」(polymerase chain reaction: PCR) は、「DNA ポリメラーゼ」を用いて同じ「塩基配列」をもつ「DNA」を増幅する手法です。
　なお、「DNA ポリメラーゼ」が「DNA」を合成するには、「**プライマー**」(primer)という「核酸」が必要になります。

*

「PCR」では「PCR」の具体的な方法は、以下のようになります。

---

(1) 増幅させる「DNA」の溶液を 94°C で 1 分程度加熱し、一本鎖にする。
(2) 60°C 程度に冷却し、それぞれの鎖に相補的な「プライマー」を結合(「アニーリング」)させる。
(3) 「DNA ポリメラーゼ」を用い「DNA」の合成を行なう。
(4) (1)(2)(3) の処理を繰り返す。

これらの処理を n 回繰り返すと、「DNA 鎖」を $2^n - 2n$ 個に増幅できます。n が大きければ、増幅数は「2^n」に近似できます。

「PCR」はキャリー・マリス (Kary Banks Mullis) によって 1987 年に考案されました。なお、マリスは 1993 年にノーベル化学賞を受賞しています。

第2章 DNA

【ゲル電気泳動】

「ゲル電気泳動」(gel electrophoresis) は、「DNA」を分子量に応じて分離する手法です。「ゲル電気泳動」では、複数の「DNA 分子」からなる溶液をゲル状の板に置き電気を流します。「DNA 分子」の「電荷」は負なので、陰極に移動します。

ここで、分子量が小さいほど移動する性質を用いて、「DNA」を分離できます。「ゲル」に染色薬剤を添加しておくと、「DNA」は紫外線を照射すると発光するので、「DNA」の移動の様子が分かります。

【制御酵素】

「制御酵素」(restriction enzyme) は、2 本鎖の「DNA」を切断する「酵素」です。「制御酵素」は、1968 年にウェルナー・アーバー (Werner Arber) とハミルトン・スミス (Hamilon Othanel Smith) によって発見されました。

「制御酵素」は、特定の「塩基配列」を切断することによって「DNA」の機能を制限します。なお、切断する部分が異なる 3 種類の「制御酵素」があります。また、「遺伝子組み換え」の技術にも利用されています。

2.2 分子演算

「DNA コンピュータ」の「演算」は、さまざまな「分子演算」によって行なわれます。

主な「分子演算」は、次のとおりです。これらのいくつかは、すでに説明したものです。

(1) 融解
(2) アニーリング

(3) マージ

(4) 増幅

「融解」(melting) は、ある温度に溶液を加熱することによって、二本鎖の「DNA」の一本鎖に分離する操作です。なお、そのときの温度は「**融解温度**」(melting point) と言います。

「アニーリング」(annealing) は、「融解」の逆演算で、相補的な2つの「DNA」が結合して1つになる操作です。「融解」の後、急速冷却すると、再び二本鎖の「DNA」が生成されます。

*

「融解」と「アニーリング」の操作は、図 2.3 のようになります。

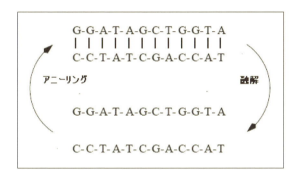

図 2.3 融解とアニーリング

「マージ」(merge) は、2つの試験管の溶液を一本の試験管に流し込んで1つにする操作です。

「増幅」(amplification) は、「**PCR**」(Polymerase Chain Reaction: ポリメラーゼ連鎖反応) を適用することで、「DNA」を複製する操作です。

第3章
DNAコンピュータの基礎

この章では「DNAコンピュータの基礎」として、「DNAコンピュータ」の発展に貢献しているアプローチをいくつか説明します。まず、「DNAコンピュータ」を提唱した「エーデルマン」のアプローチを解説し、さらに「リプトン」「萩谷」を解説します。また、「スティッカー・システム」や「分子オートマトン」の概要も、紹介します。

3.1　エーデルマンのアプローチ

　「DNAコンピュータ」の最初の具体的な研究は、1994年に、南カリフォルニア大学のエーデルマン (Leonard Max Adleman) によって行なわれました (Adleman (1994) 第1章参照)。

　エーデルマンは、「NP完全問題」の1つである「ハミルトン経路問題」を解くための「DNAコンピュータ」を考案しました。
　なお、エーデルマンは「RSA暗号」を開発したことでも知られています (Rivest, Shamir and Adleman (1978) 参照)。

　エーデルマンは、分子生物学の重要なツール、すなわち、「DNA」を用いて「ハミルトン経路問題」の一例を解くことに成功しました。
　ここで、「グラフ」は「DNA分子」にエンコードされ、計算の操作は、一般的なプロトコルと「酵素」で実行されます。

第3章 DNAコンピュータの基礎

したがって、エーデルマンは、分子レベルでの計算が実行可能なことを示したことになります。

以下では、エーデルマンのアプローチの概要を説明します。

*

まず、注意すべき点としては、エーデルマンは、汎用的な「DNA コンピュータ」ではなく、"「ハミルトン経路問題」を解く、専用の「DNA コンピュータ」"を示したことが挙げられます。

*

ここで、「ハミルトン経路問題」を理解するのに必要な概念を説明します。

【ハミルトン経路問題】

有向グラフ「G」が、特定の点「v_{in}」「v_{out}」について「ハミルトン経路」をもつのは、「v_{in}」から「v_{out}」への一方向の道の列「$e_1, e_2, ..., e_n$」(すなわち「経路」)があり、すべての他の点を一回のみ通るときです。

*

たとえば、図 **3.1** の「有向グラフ」で、「$v_{in} = 0$」「$v_{out} = 6$」とすると、「$0 \to 1, 1 \to 2, 2 \to 3, 3 \to 4, 5 \to 6$」の唯一の「ハミルトン経路」が存在します。

〔3.1〕エーデルマンのアプローチ

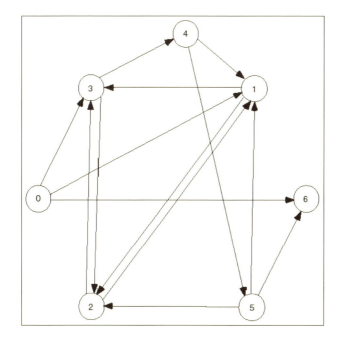

図 3.1 「有向グラフ」の「ハミルトン経路」

「ハミルトン経路問題」を解く「アルゴリズム」は、次のようになります。

---

(1) グラフのランダムな経路を生成する。

(2) 「v_{in}」から「v_{out}」への「経路」のみを保存する。

(3) グラフに n 点あるなら、n 点のみを通る「経路」のみを保存する。

(4) これらの n 点のすべてを、少なくとも1回通る「経路」のみを保存する。

(5) 以上の条件を満足する「経路」が存在すれば「yes」を返し、そうでなければ「no」を返す。

「DNA コンピュータ」では、この「アルゴリズム」を、「DNA」によって実現します。

※

ステップ(1)を実装するには、グラフの各点「i」にランダムな20個の「DNA」の列「O_i」を割り当てます。

また、グラフの各道「$i \to j$」には、オレゴヌクレオチド「$O_{i \to j}$」を割り当てます。

「エーデルマンの実験」では、次のようになっています。

O_2 : **TATCGGATCGGTATATCCGA**
O_3 : **GCTATTCGAGCTTAAAGCTA**
O_4 : **GGCTAGGTACCAGCATGCTT**
$O_{2 \to 3}$: **GTATATCCGAGCTATTCGAG**
$O_{3 \to 4}$: **CTTAAAGCTAGGCTAGGTAC**
$\overline{O_3}$: **CGATAAGCTCGAATTTCGAT**

ここで、「$\overline{O_i}$」は「O_i」の「ワトソン=クリック相補」を表わします。

ステップ(2)では、ステップ(1)の出力が、「ポリメラーゼ連鎖反応」(PCR)によって増幅されます。よって、「0」から「6」への「経路」をエンコーディングする分子のみが見つけられます。

ステップ(3)では、ステップ(2)の出力が、「アガロース・ゲル」(agarose gel)上に置かれます。

「アガロース・ゲル」は、多糖類の「アガロース」をゲル化したもので、「電気泳動」によって「核酸」を分離するのに用いられます。

なお、出力は「PCR増幅」され、ゲル純粋化を何回か行なって純度を高めます。

〔3.1〕エーデルマンのアプローチ

　ステップ (4) では、ステップ (3) の出力が、「ビオチン＝アビチン磁気ヘッドシステム」で親和性精製されます。

　「ビオチン」(viodin) は水溶性ビタミンで、「アビチン」(avidin) は生卵白中に存在する低分子の塩基性糖タンパク質で、これらは強い親和性をもつことが知られています。

　ステップ (5) では、ステップ (4) の出力が、「PCR」で増幅され、ゲル上で処理されます。

＊

　以上の計算は、ほぼ 1 週間の時間を要しました。
　特に、ステップ (4) は困難で、1 日の時間を要しました。

　一般に、上記のアルゴリズムでは、「手続き数」は「グラフの点数」に「線形」に増加します。
　したがって、「大きなグラフ」では、別の手続きが必要になると考えられます。

【エーデルマンのアプローチ】
　エーデルマンのアプローチは、「DNA コンピュータ」の初期的研究としては非常に重要ですが、問題点としては、「解」すべての可能性を探索していることが挙げられます。すなわち、エーデルマンの「アルゴリズム」は、「効率性」を重視してはいません。

　エーデルマンは、論文の最後で、将来的に、分子生物学の研究がマクロレベルの分子操作の技術を改良し、化学の研究がデザイナー的な合成酵素の開発を可能にする、と予想しています。

　また、彼は、汎用的な「DNA コンピュータ」の出現も予想しています。

第3章 DNAコンピュータの基礎

　実際、最初の予想は「DNA コンピュータ」の初期的研究で、次の予想は、まさに、現在進行中の「DNA コンピュータ」の研究に相当します。

＊

　エーデルマンは、自身の「DNA コンピュータ」の研究について回想しています (Adleman (1998) 参照)。エーデルマンは、ワトソンの分子生物学の教科書 (Watson et al. (1965, 2013) 参照) を読んで「DNA コンピュータ」の発想を得ました。

　エーデルマンは、次のように述べています。

> 私は ワトソン=クリック構造で有名なワトソン (James D. Watson) が共著者の古典的教科書『遺伝子の分子生物学』("Molecular Biology of the Gene") を読み始めた。私の生物学の概念は劇的に変わった。

　そして、エーデルマンは「DNA ポリメラーゼ」の記述に会い、「DNA ポリメラーゼ」と「チューリングマシン」の機能の類似性を感じました。彼の「DNA コンピュータ」の研究はこれによって、開始されました。

> 私の最初の考えは、酵素による有限制御をもつ「チューリングマシン」のイメージの「DNA コンピュータ」を作ることだった。驚くべきことは、本質的に同じアイデアが IBM のベネットとランダウナーによって 10 年前にすでに暗示されていたことである。

　第 1 章で述べたように、1980 年代に、ベネットらは、すでに、「DNA コンピュータ」の可能性に言及していました。

　エーデルマンは、ベネットらの研究に触発され、まず、チェスを行なう「DNA コンピュータ」の構成を試みましたが、失敗しました。

[3.1] エーデルマンのアプローチ

しかし、「ハミルトン経路問題」を解く「DNA コンピュータ」の開発に成功したわけです。

【計算量】

さて、「アルゴリズム」の効率性の尺度は、「**計算量**」(computational complexity) と言います。そして、「計算量」の少ない「アルゴリズム」が『よいアルゴリズム』と考えられます。

*

なお、「計算量」には、計算の「速さ」についての「**時間計算量**」と、計算に必要な「領域」についての「**空間計算量**」があります。

計算に必要な「領域」ができるだけ小さく、かつ、計算ができるだけ速い「アルゴリズム」が理想的ということになります。実際には、「時間計算量」が主に「計算量」として議論されます。

*

「アルゴリズム」の効率性を考えるとき、問題の大きさ「n」(たとえば、入力データの長さなど) が関連してきます。「n」が大きくなると、厳密な計算量の評価式の定式化は困難になります。

そこで、その評価式の支配的な項のみを考慮し、定数係数は無視することになります。これを、「**計算量のオーダ**」(order) と言います。

たとえば、項「$n-1$」は、「n」が大きい場合、「-1」は無視できます。

理論的には、ある実数「a」と自然数「n_0」が存在して、

$$\forall n \geq n_0 (f(n) \leq ag(n))$$

を満足するとき、計算量のオーダ「$f(n)$」は「$g(n)$」になり、$O(g(n))$ と書きます。

第3章 DNAコンピュータの基礎

この定義から、"オーダが高い「アルゴリズム」ほど計算量が多い"、ことになります。

また、「$O(g(n))$」における「$g(n)$」の性質によって、「計算量」の定義は異なることになります。

「計算量のオーダ」の概念を用い、「アルゴリズム」が存在する問題を実用的な問題かどうかを分類できます。

すなわち、「アルゴリズム」は、(A)「理論的にも実用的にも解ける問題」と、(B)「理論的には解けるが実用的には解けない問題」に分類できます。

(A) の問題は「**扱いやすい問題**」(tractable problem) と言い、(B) の問題は「**手に負えない問題**」(intractable problem) と言います。

たとえば、「$O(n), O(\log_2 n)$」など**多項式**の「計算量」をもつ問題は、一般に、「扱いやすい問題」とされます。また、「$O(n^p)$」などの**指数関数**の「計算量」をもつ問題は、「手に負えない問題」とされます。

【「P 問題」「NP 問題」】

「アルゴリズム」の理論では、ある多項式「$poly(n)$」について「計算量」が「$O(poly(n))$」になる問題を「**P 問題**」(polynomial time computable problem) と言います。

なお、「P 問題」のクラスは「P」と書きます。よって、「**P 問題**」の「アルゴリズム」は、「実行可能な『アルゴリズム』」であると解釈できます。

＊

「アルゴリズム」は、一般に、「入力データ」に関して一意に「結果」を出力します。

このような「アルゴリズム」は、「**決定性アルゴリズム**」(deterministic algorithm) と言います。

〔3.1〕エーデルマンのアプローチ

しかし、「アルゴリズム」の中には、「計算時に実行すべき操作」の可能性が複数あり、その中から「非決定的に選択して実行」するものがあります。

このような「非決定性」をもつ「アルゴリズム」は、「**非決定性アルゴリズム**」(non-deterministic algorithm) と言います。

*

「**NP 問題**」(non-deterministic polynomial time computable problem) は、「非決定性アルゴリズム」によって、最良の場合、多項式時間で解ける問題です。

※なお、「NP 問題」のクラスは、「NP」と書きます。

これらの定義から、次の関係が成り立ちます。

$$P \subseteq NP$$

【P = NP 問題】

ここで、興味深い問題として、「**P = NP**」かという問題があります。しかし、この問題は未だ証明されておらず、「**P = NP 問題**」(P=NP problem) として、「コンピュータ・サイエンス」中でもっとも重要な未解決問題の 1 つとして知られています。

*

「NP = P」を証明するには、「NP ⊆ P」を証明すればよいことになります。

なお、「P ≠ NP」と予想されていますが、現在、これは証明されていません。

*

※なお、この問題の解決には、100 万ドルの賞金が用意されています。
ちなみに、問題の解決後、2 年間の検証が行なわれることになっています。
数年に一度くらい、この問題の解決された、というニュースが流れますが、解

決には至っていません。読者にも、まだチャンスはありそうです。
　なお、筆者は、「$P \neq NP$」と予想します。

【NP 完全問題】

　「$P = NP$ 問題」研究において、クック (Cook) は、いわゆる「NP 完全問題」(NP-complete problem) を提案しています (Cook (1971) 参照)。「NP 完全問題」は、NP 問題の中でもっとも困難な問題として定義されます。

　したがって、「NP 完全問題」は、「$P = NP$ 問題」を解く鍵の 1 つと考えられています。すなわち、「NP 完全問題」が「P 問題」に属することを証明すれば、「$P = NP$」を証明することができます。

*

なお、主な「NP 完全問題」には、以下のようなものがあります。

- 命題論理 (ブール代数) の充足可能性 問題
- ハミルトン閉路 問題
- 巡回セールス問題
- ナップザック問題
- 整数 線形計画法
- 集合分割 問題

　実際、計算が難しい問題の多くは、「NP 完全問題」です (Garey and Johnson (1979) 参照)。また、しばしば取り上げられる「NP 完全問題」は、「命題論理の充足可能性 問題」「ハミルトン経路問題」です。

　よって、エーデルマンが「ハミルトン経路問題」を解く「DNA コンピュータ」を実際に構築したのは、「計算量」の観点からも非常に意義深いと考えられます。
　なぜなら、「DNA コンピュータ」が効率的な計算ができるコンピュータであることを実証したからです。

3.2 リプトンのアプローチ

1995 年に、リプトン (Lipton) は、「充足可能性 問題」(satisfiability problem: SAT) を「DNA コンピュータ」によって解きました (Lipton (1995) 参照)。

Richard Lipton (米:1946-)

上記のように、エーデルマンは「ハミルトン経路問題」を解く「DNA コンピュータ」を示しましたが、他の重要な「NP 完全問題」に拡張できるか、という課題がありました。

問題は、エーデルマンの方法で、すべての「NP 完全問題」が効率的に解けることを意味するわけでないからです。したがって、リプトンの研究は「DNA コンピュータ」の可能性を実証した点で非常に意義があると考えられます。

＊

リプトンが指摘しているように、すべての「コンピュータ」の実行速度は、2 つの要因、すなわち、(1) 並列プロセスの数と (2) 各プロセスの単位時間当たりの実行ステップ数によって決まります。

「DNA コンピュータ」は、並列プロセス数は非常に大きくなります。たとえば、「3 g」の「水」は、およそ「10^{22}」個の「分子」を含みます。

よって、「DNA コンピュータ」は「並列性」の点で、非常に優れていると考えられます。

第3章 DNA コンピュータの基礎

*

(2) は、既存の「コンピュータ」では非常に重要です。

実際、「スーパーコンピュータ」では、単位時間当たりの実行数は非常に多くなりますが、「DNA コンピュータ」では少なくなります。

しかし、「DNA コンピュータ」の並列性が非常に高いので、1命令の実行時間の違いは問題になりません。

「並列性」の利点で、すべての「NP 問題」を効率的に解けることにはなりません。実際、エーデルマンの「アルゴリズム」は、非効率的です。リプトンは、「DNA コンピュータ」の計算を高速化できることを「充足可能性問題」を例に示しました。

【充足可能性問題】

さて、「充足可能性問題」とは、「命題論理」(または「ブール代数」)の式が真になる「モデル」が存在するかを判定する問題です。

リプトンは、次の式の「充足可能性」を計算(判定)する、「DNA コンピュータ」を構成しました。

すなわち、2変数の式「F」、

$$F = (x \vee y) \wedge (\overline{x} \vee \overline{y}) \tag{*}$$

で「x」「y」は、「1」(真) または「0」(偽) の値(真理値) をとる、「変数」です。

また、「$\vee$」「$\wedge$」「$\neg$」は、「論理記号」です。

「$x \vee y$」は、「x」「y」の「選言」(or: disjunction) を表わし、「$x \wedge y$」は「x」「y」の「連言」(and: conjunction) を、「$\overline{x}$」は「x」の「否定」(not: negation) を表わします。

〔3.2〕リプトンのアプローチ

「論理記号」の解釈は「モデル」で行なわれますが、もっとも単純な「モデル」は、いわゆる「真理値表」(truth-value table) です。

「¬」と「∧」「∨」の「真理値表」は、表 3.1 のようになります。

表 3.1 ¬, ∧, ∨ の真理値表

x	$\bar{x}$
1	0
0	1

x	y	$x \wedge y$	$x \vee y$
1	1	1	1
1	0	0	1
0	1	0	1
0	0	0	0

表 3.1 から、論理記号「¬」「∧」「∨」は、次のように解釈できます。

- 「$\bar{x}$」の値は、「x」の値を反転 (「1 → 0」「0 → 1」) する。
- 「$x \wedge y$」の値が「1」になるのは、「$x = y = 1$」のときである。
- 「$x \vee y$」の値が「0」になるのは、「$x = y = 0$」のときである。

「¬」の解釈は「**not**」(でない) で、「$\bar{x}$」の値は「$x = 1$」のとき「0」になり、「$x = 0$」のときは「1」になります。

「∧」の解釈は「**and**」(かつ) で、「$x \wedge y$」の値は「$x = y = 1$」のとき「1」になり、それ以外のときは「0」になります。

「∨」の解釈は「**or**」(または) で、「$x \vee y$」の値は「$x = y = 0$」のとき「0」になり、それ以外のときは「1」になります。

*

「論理記号」の「真理値表」を用いて、任意の「論理式」の「真理値表」を書いて、「充足 可能性」をチェックできます。

式の部分式の「真理値」から、式全体の「真理値」を決定します。

*

式「F」の「真理値表」は、表 3.2 になります。

表 3.2 F の真理値表

x	y	$\bar{x}$	$\bar{y}$	$x \vee y$	$\bar{x} \vee \bar{y}$	F
1	1	0	0	1	0	0
1	0	0	1	1	1	1
0	1	1	0	1	1	1
0	0	1	1	0	1	0

「真理値表」の右端の「列」が、該当する式の「真理値」になります。

その「列」に、「1」の「行」が少なくとも1つあれば、その式は「充足可能」になります。

「充足可能性 問題」は、式を「充足可能」にする変数への、割り当ての組み合わせがあるか、を見つける問題です。

なお、すべての行が「1」ならば「妥当」(valid) と言います。よって、「真理値表」は「充足可能性 問題」を解くアルゴリズムの1つと考えられます。

表 3.2 から、式「F」が「充足可能」なことが分かります。

式「F」の値を「1」にする「x」「y」の値は、「$x=1, y=0$」または「$x=0, y=1$」です。

それ以外の値の組み合わせでは、「F」の値は「0」になります。

したがって、「$x=1, y=0$」または「$x=0, y=1$」を見つければ、計算は成功することになります。

一般に、「充足可能性 問題」では、「$C_1 \wedge ... \wedge C_m$」の形の「ブール式」を扱います。ただし、「$C_i$」は「変数」またはその否定の「選言」である、「節」です。

なお、「$C_1 \wedge ... \wedge C_m$」は「連言語 標準形」(CNF: conjunctive normal form) と言い、任意の「ブール式」は「連言標準形」に変換できます。

〔3.2〕リプトンのアプローチ

「充足可能性 問題」は、「全体の式の値」が「1」になる変数の値を見つける問題です。

なお、この問題は、各節の値が「1」になる変数の値を見つけるのと同じになります。

【リプトンのアプローチ】

リプトンのアプローチでは、「DNA」の「一重鎖」は、アルファベット「$\{A, C, G, T\}$」上の列「$\alpha_1, ..., \alpha_k$」になります。また、「DNA」の「二重鎖」は 2 個の DNA 列「$\alpha_1, ..., \alpha_k$」「$\beta_1, ..., \beta_k$」になります。

*

なお、「β_i」は、「α_i」の「ワトソン=クリック相補」で、「$A \leftrightarrow T$」または「$C \leftrightarrow G$」を満足します。すなわち、

$$
\begin{array}{ccccccccc}
5' & - & \alpha_1 & - & \alpha_2 & - & \alpha_3 & ... & - & 3' \\
 & - & \updownarrow & & \updownarrow & & \updownarrow & & & \\
3' & - & \beta_1 & - & \beta_2 & - & \beta_3 & ... & - & 5'
\end{array}
$$

のようになります。なお、「$5'$」「$3'$」は「DNA 鎖」の化学的に異なる終点を表わします。

*

試験管中の「DNA 鎖」には、次のような操作ができます。

(1) 短い「一重鎖」の極めて多くの複製を合成できます。なお、短い「一重鎖」は少なくとも 20 個の「ヌクレオチド」を含むとします。

(2) 「アニーリング」によって、相補的な「一重鎖」から「二重鎖の「DNA」を生成できます。

(3) 試験管中の「DNA」から、長さ「l」のパターンの「DNA 鎖」を抽出できます。

(4) 試験管について、探索操作ができます。

第3章 DNAコンピュータの基礎

(5) 試験管中の「DNA鎖」を増幅できます。

---

(3) では、パターンは「$\delta_1, ..., \delta_l$」とします。

ただし、「$\delta_i \in \{A, C, G, T\}$」です (「$1 \leq i \leq l$」)。DNA鎖「$\alpha_1, ..., \alpha_k$」が除去されるのは、ある「$i$」について、次の条件を満足するときです。

$$\delta_1 = \alpha_1, \delta_2 = \alpha_{i+1}, ..., \delta_k = \alpha_{i+k+1}$$

また、(4) は、「PCR」で行なわれます。

実際の「計算」では、固定の試験管が用いられ、これはすべての計算時に同じになります。試験管中の「DNA」の集合は、グラフ「G_n」に対応します。試験管は、エーデルマンが「ハミルトン経路」のすべての「経路」を形成したのと同じ方法で処理されます。

*

グラフ「G_n」は、節点「$a_1, x_1, x'_1, a_2, x_2, x'_2, ..., a_{n+1}$」で「パス」は「$a_k$」から「$x_k$」「$x'_k$」と、「$x_k$」「$x'_k$」から「$a_{k+1}$」になります (図 3.2)。

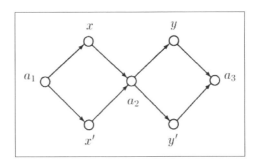

図 3.2 2 ビット数をエンコードする「グラフ G_n」

「a_1」から「a_{n+1}」への長さ「$n+1$」の「パス」は、最初の「試験管」の中と仮定されます。このグラフでは、「a_1」から「a_{n+1}」へのすべての「パス」が n ビットの「2進数」をエンコードできるように構成されます。

〔3.2〕リプトンのアプローチ

*

ここで、各段階で「パス」に 2 種類の選択可能性があります。

(A)『プライムでないラベルをもつ「節点」があれば「1」にエンコード』され、(B)『プライムであるラベルをもつ「節点」があれば「0」にエンコード』されます。

なお、図 3.2 では、パス「$a_1 x' a_2 y a_3$」は、2 進数「01」をエンコードしています。

*

グラフ「G_n」は、次のように「DNA」の「試験管」にエンコードされます。

*

まず、グラフの各節点は、「$\{A, C, G, T\}$」からの長さ「l」のランダムパターンに割り当てられます。なお、「$l = 20$」で充分です。

「節点」の名前は、2 個の部分があります。

最初の部分を「p_i」とし、2 番目の部分を「q_i」とすると、「$p_i q_i$」は i 番目の「節点」に付加される名前になります。

*

「試験管」には、次のような種類の「DNA 鎖」が存在することになります。

---

(1) 各節点に「$5' \to 3'$」の DNA 列「$p_i q_i$」の多数の複製を試験管に入れる。

(2) 「$i \to j$」からの各エッジに「$3' \to 5'$」の DNA 列「$\hat{q}_i \hat{p}_j$」の多数の複製を置く(「$\hat{x}$」は「x」の「ワトソン=クリック相補の列」)。

(3) 「試験管」の最初の節点の最初の半分に「$3' \to 5'$」の長さ「$l/2$」の「DNA 列」を付加する。同様に、「試験管」の最後の節点

の 2 番目半分に「$3' \to 5'$」の長さ「$l/2$」の「DNA 列」を付加する。すなわち、「$\hat{p}_1$」「$\hat{q}_n$」を付加する。

ここで、「G_n」のすべての適格な「パス」は、「節点」「エッジ」に正しく対応します。また、「操作」はグラフ「G_n」の「DNA 列」のみに適用されます。
なお、試験管「t」で i 番目のビットが「$a \in \{0,1\}$」に等しいことを、「$E(t,i,a)$」と書くことにします。

*

では、「$F = (x \vee y) \wedge (\bar{x} \vee \bar{y})$」の「試験管」を構成します。
最初の試験管「t_0」は、すべての 2 ビット列の「試験管」になります。

以下、次のように操作します。

(1) 「t_1」を「$E(t_1,1,1)$」に対応する「試験管」とし、残りを「t'_1」とし、「t_2」を「$E(t'_1,2,1)$」とする。
「t_1」「t_2」を一緒にして、「t_3」を形成する。

(2) 「t_4」を「$R(t_3,1,0)$」に対応する「試験管」とし、残りを「t'_4」とし、「t_5」を「$E(t'_4,2,0)$」とする。
「t_4」「t_5」を一緒にして、「t_6」を形成する。

(3) 最後の試験管「t_4」に「DNA」があるかをチェックする。
満足する割り当ては、最後の「試験管」のみにある。

実際の処理の例を、表 3.3 で見てみましょう。

〔3.2〕リプトンのアプローチ

表 3.3 最後の試験管の DNA によってエンコードされる値

試験管	値
t_0	00, 01, 10, 11
t_1	10, 11
t'_1	00, 01
t_2	01
t_3	01, 10, 11
t_4	01
t'_4	10, 11
t_5	10
t_6	01, 10

ここで、試験管「t_3」は、最初の節「01」「10」「11」を満足するすべての「DNA列」から構成されていることを示しています。

また、試験管「t_6」は、2番目の節「01」「10」を満足するすべての「DNA列」から構成されていることを示してています。

そして、後者は、該当問題の解になります。

【充足可能性問題の一般化】

リプトンは、上記のように、エーデルマンと同様に「充足可能性 問題」を「ハミルトン経路問題」と解釈し、「DNA コンピュータ」を構築しました。

リプトンは、2変数の「充足可能性 問題」を解きましたが、彼はその一般化についても議論しています。

任意の「n 変数」「m 節」の「充足可能性 問題」は、たかだか「m 抽出ステップ」と「1 探索ステップ」で解けます。

「オーダー m」は、ステップ数が「m」に線形であることを意味します。

＊

「$C_1, ..., C_m$」を「節」とすると、試験管列「$t_0, ..., t_m$」は「t_k」「$C_1(x) = C_2(x) = ... = C_k(x) = 1$」になるように構成されます。

第3章 DNAコンピュータの基礎

ここで、「$C_i(x)$」は変数「x」についての節「C_i」の値を表わします。
また、「t_k」は n ビット数の集合を表わします。
なお、「t_0」については、すべての可能な n ビット数の集合「t_{all}」を用います。

「t_k」が構成されると仮定して、「t_{k+1}」を構成します。
節「C_{k+1}」は、「$v_1 \vee ... \vee v_l$」の形とします。
ここで、「v_i」は「リテラル」またはその「相補」とします。

各リテラル「$v_{i'}$」について、次のような「操作」を行ないます。

もし、「v_i」「v_j」に等しいならば、「$E(t_k, j, 1)$」を構成します。
また、もし、「v_i」が「$\bar{v}_j$」に等しいならば、「$E(t_k, j, 0)$」を構成します。
そして、これらを一緒にして「t_k」を構成します。

そして、「節」が「充足可能」を決定するために「t_m」上の「操作」を探索します。
このプロセスでは、「操作」がエラーなしに実行されることが仮定されています。
なお、上記の手法は、一般の「充足可能性 問題」を解くのに用いることができます。

この一般化は、たいていの「NP 問題」を含みますが、ポイントは考慮する「ブール式」のクラスを一般化することにあります。
「充足可能性 問題」は、制限された形の式「$C_1 \wedge ... \wedge C_m$」を扱います。
一般化は、式に制限を課さないようにすることになります。

*

「ブール式」は、以下のように定義できます。

---

(1) 任意の変数「x」は「式」である。

(2) 「F」が「式」ならば、「$\bar{F}$」も「式」である。

(3) 「F_1」「F_2」が「式」ならば、「$F_1 \wedge F_2$」「$F_1 \vee F_2$」も「式」である。

「式」の「サイズ」は、「式」を構成する「操作」の数で計られます。

「充足可能性 問題」は、与えられた式「F」について、「F」を「真」にする「変数」への割り当てを見つけることです。

この問題は、一般的な「充足可能性 問題」で、多くの「NP 完全問題」の中でも有名なものです。

この「充足可能性 問題」は、「式」の「サイズ」に線形な「計算量」の多くの「DNA コンピュータ」によって解けます。

そのためには、単一の「式」を証明するのではなく、任意の「コンタクト・ネットワーク」(contact network) を証明する必要があります。

【コンタクト・ネットワーク】

「コンタクト・ネットワーク」は、1949 年にシャノン (Shannon) によって提案された、「グラフ」（ネットワーク）の概念です (Shannon (1949) 参照)。

「コンタクト・ネットワーク」は単一の特別な「ソース s」と単一の特別な「シンク t」をもつ、「有向グラフ」です。

各エッジは、ある変数「x」について、「x」または「$\bar{x}$」でラベル付けされます。

＊

「変数」への値の任意の割り当てについて、「エッジ」の「式」の値が「1」なら、「エッジ」は結合されると見なされます。

よって、「エッジ」のラベルが「$\bar{x}$」なら、「$x = 0$」のときのみに結合されます。

「コンタクト・ネットワーク」の「充足可能性 問題」は、「s」から「t」への「有向結合パス」が存在する「変数」への値の割り当てがあるかを決定すること

になります。

*

リプトンのアプローチは、エーデルマンのアプローチの後継研究として評価できます。計算手法は、基本的にエーデルマンのアプローチを踏襲しています。

実際、「充足可能性問題」を「ハミルトン経路問題」と解釈して計算しています。

*

しかし、次の2点が重要と考えられます。

まず、(a)「充足可能性 問題」という重要な問題を扱った「DNAコンピュータ」を構築しました。

また、(b)「計算の効率性を考慮した」点も注目されます。エーデルマンのアプローチでは、計算は効率的には行なわれていません。

*

検討課題としては、リプトンが指摘するように、計算におけるエラーをいかに減少させるかを考慮する必要があります。

理論的には、確率論的な計算手法の採用などが考えられます。

さらに、「コンタクト・ネットワーク」を利用して一般の「充足可能性問題」を解決できるかは興味深い問題です。しかし、この検討課題は、現在まで、検証されていないようです。

*

なお、2002年、エーデルマンらは20変数の「3-SAT」を解く「ゲル・ベース」の「DNAコンピュータ」を開発しました (Braich et al. (2002) 参照)。

彼らが扱った問題は、「DNAコンピュータ」で解かれた、もっとも難しい問題の1つです。

3.3 萩谷のアプローチ

　なお、2000年に、東京大学の萩谷昌巳のグループは、3変数の「充足可能性問題」(3-SAT) を解く「DNAコンピュータ」を提案しています (Sakamoto et al. (2000) 参照)。

　彼らは、リプトンとは異なり、「ヘアピン」(hairpin) を利用して「3-SAT」を解く「DNAコンピュータ」を提案しました。

＊

　なお、萩谷らの「DNAコンピュータ」は、「**SATエンジン**」(SAT engine) と言います。「ヘアピン」とは、「1重鎖」の「DNA」の「塩基配列」が1点を軸に対称に相補的な配列に並び、「DNA」が相補的な「塩基」と結合した構造です。

【リテラル・ストリングス】

　萩谷らのアプローチで重要な役割を果たすのは、「リテラル・ストリングス」(literal strings) の概念です。

　「リテラル・ストリング」は、与えられた「連言標準形」の式の各節から選択された「リテラル」の「連言」で、それによって式をエンコードできます。

　たとえば、式「$(a \lor b) \land (\neg a \lor \neg c)$」は、次の4個の「リテラル・ストリングス」で表現できます。

　　$a - \neg a,\ a - \neg c,\ b - \neg a,\ b - \neg c$

　式が「充足可能」になるのは、「変数」(正リテラル) とその「否定」(負リテラル) を含まない、「リテラル・ストリングス」が存在するときです。

第3章 DNAコンピュータの基礎

【アルゴリズム】

「ヘアピン」による「充足可能性 問題」の「アルゴリズム」は、次のようになります。

---

(1) 与えられた「式」から「リテラル・ストリングス」を生成する。

(2) 「リテラル・ストリングス」を表わす「ssDNA 分子」で「ヘアピン」を形成する。

(3) 「ヘアピン」を形成する分子を除去する。

---

(1) は、「リテラル」を連結する「**ライゲーション**」(ligation) で実装されます。

なお、「ライゲーション」は、「**DNA リガーゼ**」(DNA ligase) という「酵素」で「DNA 分子」を連結する操作です。

*

(2) は、常温で実行できるメインの計算で、「酵素」を必要としません。

(3) では、問題の解になる「リテラル・ストリングス」を認識します。

*

萩谷らは、次の 6 変数 10 節の式「F」を扱いました。

$$F = (a \vee b \vee \neg c) \wedge (a \vee c \vee d) \wedge (a \vee \neg c \vee \neg d) \wedge (\neg a \vee \neg c \vee d)$$
$$\wedge (a \vee \neg c \vee e) \wedge (a \vee d \vee \neg f) \wedge (\neg a \vee c \vee d) \wedge (a \vee c \vee \neg d)$$
$$\wedge (\neg a \vee \neg c \vee \neg d) \wedge (\neg a \vee c \vee \neg d)$$

「F」は、「節」の「連言」である「連言標準形」なので、充足するには、そのすべての「節」を充足すればよいことになります。

「節」は「リテラル」の「選言」なので、その「リテラル」の少なくとも 1 つを充足すればよいことになります。

よって、各節から 1 つずつ「リテラル」を選び、選んだすべての「リテラル」を充足する「割り当て」を構成すれば、元の式「F」を充足にする「割り当て」を得ます。

すなわち、矛盾した「リテラル」を選択しなければ、「式」を充足可能にする「割り当て」になります。

＊

萩谷のアプローチの基本的なアイディアは、「変数」とその「否定」を、相補的な「配列」、すなわち、「リテラル・ストリングス」で表現することにあります。

なお、各節から 1 つずつ選ばれた「リテラル」の情報は、「リテラル」を表現する「配列」を連結した、1 本の「一重鎖」の「DNA 分子」で表現できます。

「リテラル」の選択が矛盾している場合は、図 **3.3 B** のように、相補的な「リテラル」が「リテラル・ストリングス」に含まれるので、「一重鎖」の「DNA 分子」は「ヘアピン」を形成します。

そして、「リテラル」の選択が矛盾していない場合は、図 **3.3 A** のように、「ヘアピン」は形成しません。

よって、「リテラル」の選択を表現する「一重鎖」の「DNA 分子」をランダムに生成し、「ヘアピン」を形成する分子と形成しない分子を分離することによって「式」の「充足可能性」を判定できます。

＊

さて、「F」の解は、「$(a, b, c, d, e, f) = (0, 1, 1, 0, 1, 0)$」になりますが、「$3^{10} = 59{,}049$ 個」の可能な「リテラル・ストリングス」から「24 個」の「リテラル・ストリングス」で認識されます。

図 **3.3** は、「ヘアピン形成」の例です。

第3章 DNAコンピュータの基礎

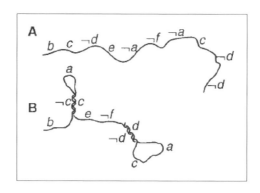

図 3.3 ヘアピン形性 (Sakamto et al. (2000) から抜粋)

「**A**」では、「リテラル・ストリングス」の「$b-c-\neg d-e-\neg a-\neg f-\neg a-c-\neg d-\neg d$」を満足する、「非ヘアピン」の「ssDNA」を表わしています。

「**B**」では、「リテラル・ストリングス」の「$b-\neg c-a-c-e-\neg f-\neg d-c-a-d$」は、「相補リテラル」である「$c-\neg c$」や「$\neg d-d$」をもつ「ヘアピン」の、「ssDNA」を表わしています。

*

アルゴリズムの (3) (計算プロセス) では、「制御酵素」を用いた「ヘアピン」の切断が行なわれます。

「リテラル・ストリングス」の中に「制御酵素」による切断位置を挿入することによって、「ヘアピン」を形成した分子は「制御酵素」によって切断されます。

「ヘアピン」を、「含む分子」と「含なまい分子」は、「PCR」の増幅率が異なります。よって、その差を利用して、「解」、すなわち、「充足可能な『割り当て』」を抽出できます。

*

萩谷らは、「排他的 **PCR**」(exclusive PCR: ePCR) の技術を用いて、「ヘアピン」と「非ヘアピン」の増幅率の差を大きくしています。

これらの操作は、当時、「ヘアピン」の切断技術が確立されていなかったた

め、採用されたものです。

　萩谷らの「SAT engine」のアルゴリズムでは、「ヘアピン形成」という分子の性質が直接的に用いられています。
　また、操作の数は「変数」「節」の数に依存しない、という利点があります。
　これらの利点は、理論的にも応用的も重要で、リプトンのアプローチに対しての優位性を示すと考えられます。

3.4　スティッカー・システム

　エーデルマンやリプトンなどの「DNA コンピュータ」は、特定の問題を解決するために考案され、その計算は「DNA」への操作で行なわれます。
　しかし、これらの「DNA コンピュータ」は、汎用性に欠けます。
　したがって、「DNA コンピュータ」の「計算モデル」(computational model) が必要になります。

＊

　1998 年に、「DNA コンピュータ」の最初の「計算モデル」として、「**スティッカー・システム**」(sticker system) が提案されました (Kari et al. (1998) 参照)。
　「スティッカー・システム」は、「形式言語理論」に基づく「DNA コンピュータ」の「計算モデル」で、「**スティッカー操作**」(sticker operation) によって「DNA」上の処理を記述します。

＊

　すでに述べたように、「DNA」は、「A」(アデニン)、「G」(グアニン)、「C」(シトシン)、「T」(チミン) から構成される「**二重らせん構造**」(double stranded structure) をもっています (図 **2.1**)。

　「スティッカー操作」は、エーデルマンの実験で用いられた「DNA」の操作を抽象化し、「形式言語理論」に基づき形式化したものと考えられます。

第3章　DNAコンピュータの基礎

「スティッカー・システム」は、「スティッカー操作」を基本にした「文法」の理論ですが、論理は通常の「形式文法」よりも複雑です。

*

「スティッカー・システム」では、「DNA コンピュータ」の「計算」を、次のように記述します。

まず、(A)「不完全な『二重らせん DNA 列』の集合 (公理)」と、(B)「一重らせん相補 DNA 列」の 2 つの集合から開始します。

(B) の集合の要素に右延長を繰り返すことによって、任意の長さの「計算」を得ます。そして、完全な「二重らせん DNA 列」を得たとき、「計算」は停止します。

*

「スティッカー・システム」は「形式文法」に基づく「計算モデル」なので、その「生成能力」、すなわち、「計算可能性」を厳密に評価できる、という利点があります。

したがって、「スティッカー・システム」による「DNA コンピュータ」の理論的研究は、非常に興味深いと考えられます。

【スティッカー操作】

「V」を「アルファベット」(抽象記号の有限集合) とし、「$\rho \subseteq V \times V$」を (「相補」の)「対称関係」とし、「$\sharp$」を「空白記号」とします。

「$V \cup \{\sharp\}$」を用いて、次の「集合」の「合成記号」を構成します。

$$\begin{pmatrix}V\\V\end{pmatrix}_\rho = \left\{\begin{pmatrix}a\\b\end{pmatrix} \mid a,b \in V, (a,b) \in \rho\right\}$$

$$\begin{pmatrix}\sharp\\V\end{pmatrix} = \left\{\begin{pmatrix}\sharp\\a\end{pmatrix} \mid a \in V\right\}$$

$$\binom{V}{\sharp} = \left\{ \binom{a}{\sharp} \mid a \in V \right\}$$

ここで、

$$W_\rho(V) = \binom{V}{V}_\rho^* S(V)$$

とします。なお、

$$S(V) = \binom{\sharp}{V}^* \cup \binom{V}{\sharp}^*$$

とし、この集合の要素を「**適格 開始列**」(well-started sequences) と言うことにします。

ここで、「X^*」は「X」の要素から構成される「ストリング」の集合 (空ストリング「λ」を含む) を表わし、「X^+」は「$X^* - \{\lambda\}$」を表わします。

*

スティッカー操作「μ」は、「$W_\rho(V) \times S(V)$」から「$W_\rho(V)$」への「部分的定義写像」として定義されます。

「$x \in W_\rho(V), y \in S(V), z \in W_\rho(V)$」について「$\mu(x,y) = z$」であるのは、次の場合のいずれか1つが成り立つときです。

(1) $\quad x = \binom{a_1}{b_1} \ldots \binom{a_k}{b_k} \binom{a_{k+1}}{\sharp} \ldots \binom{a_{k+r}}{\sharp} \binom{a_{k+r+1}}{\sharp} \ldots \binom{a_{k+r+p}}{\sharp}$,

$$y = \begin{pmatrix} \sharp \\ c_1 \end{pmatrix} \cdots \begin{pmatrix} \sharp \\ c_r \end{pmatrix},$$

$$z = \begin{pmatrix} a_1 \\ b_1 \end{pmatrix} \cdots \begin{pmatrix} a_k & b_k \end{pmatrix} \begin{pmatrix} a_{k+1} \\ c_1 \end{pmatrix} \cdots \begin{pmatrix} a_{k+r} \\ c_r \end{pmatrix} \begin{pmatrix} a_{k+r+1} \\ \sharp \end{pmatrix} \cdots \begin{pmatrix} a_{k+r+p} \\ \sharp \end{pmatrix}$$

ただし、「$k \geq 0, r \geq 1, p \geq 1$」
「$a_i \in V, 1 \leq i \leq k, b_i \in V, 1 \leq i \leq k, c_i \in V, 1 \leq i \leq r$」
「$(a_{k+1}, c_i) \in \rho, 1 \leq i \leq r$」とする。

(2) $$x = \begin{pmatrix} a_1 \\ b_1 \end{pmatrix} \cdots \begin{pmatrix} a_k \\ b_k \end{pmatrix} \begin{pmatrix} a_{k+1} \\ \sharp \end{pmatrix} \cdots \begin{pmatrix} a_{k+r} \\ \sharp \end{pmatrix},$$

$$y = \begin{pmatrix} \sharp \\ c_1 \end{pmatrix} \cdots \begin{pmatrix} \sharp \\ c_r \end{pmatrix} \begin{pmatrix} \sharp \\ c_{r+1} \end{pmatrix} \cdots \begin{pmatrix} \sharp \\ c_{r+p} \end{pmatrix},$$

$$z = \begin{pmatrix} a_1 \\ b_1 \end{pmatrix} \cdots \begin{pmatrix} a_k \\ b_k \end{pmatrix} \begin{pmatrix} a_{k+1} \\ c_1 \end{pmatrix} \cdots \begin{pmatrix} a_{k+r} \\ c_r \end{pmatrix} \begin{pmatrix} \sharp \\ c_{r+1} \end{pmatrix} \cdots \begin{pmatrix} \sharp \\ c_{r+p} \end{pmatrix}$$

ただし、「$k \geq 0, r \geq 0, r + p \geq 1$」「$a_i \in V, 1 \leq i \leq k+r, b_i \in V, 1 \leq i \leq k, c_i \in V, 1 \leq i \leq r+p$」「$(ak+i, c) \in \rho, 1 \leq i \leq r$」とする。

(3) $$x = \begin{pmatrix} a_1 \\ b_1 \end{pmatrix} \cdots \begin{pmatrix} a_k \\ b_k \end{pmatrix} \begin{pmatrix} \sharp \\ b_{k+1} \end{pmatrix} \cdots \begin{pmatrix} \sharp \\ b_{k+r} \end{pmatrix} \begin{pmatrix} \sharp \\ b_{k+r+1} \end{pmatrix} \cdots \begin{pmatrix} \sharp \\ b_{k+r+p} \end{pmatrix},$$

$$y = \begin{pmatrix} c_1 \\ \sharp \end{pmatrix} \cdots \begin{pmatrix} c_r \\ \sharp \end{pmatrix},$$

$$z = \begin{pmatrix} a_1 \\ b1 \end{pmatrix} \cdots \begin{pmatrix} a_k \\ b_k \end{pmatrix} \begin{pmatrix} c_1 \\ b_{k+1} \end{pmatrix} \cdots \begin{pmatrix} c_{k+r} \\ b_{k+r} \end{pmatrix} \begin{pmatrix} \sharp \\ b_{k+r+1} \end{pmatrix} \cdots \begin{pmatrix} \sharp \\ b_{k+r+p} \end{pmatrix}$$

ただし、「$k \geq 0, r \geq 1, p \geq 1$」「$a_i \in V, 1 \leq i \leq k, b_i \in V, 1 \leq i \leq k+r+p, c_i \in V, 1 \leq i \leq r$」「$(c_i, b_{k+i}) \in \rho, 1 \leq i \leq r$」とする。

(4) $\quad x = \begin{pmatrix} a_1 \\ b1 \end{pmatrix} \cdots \begin{pmatrix} a_k \\ b_k \end{pmatrix} \begin{pmatrix} \sharp \\ b_{k+1} \end{pmatrix} \cdots \begin{pmatrix} \sharp \\ b_{k+r} \end{pmatrix}$,

$\quad y = \begin{pmatrix} c_1 \\ \sharp \end{pmatrix} \cdots \begin{pmatrix} c_r \\ \sharp \end{pmatrix} \begin{pmatrix} c_{r+1} \\ \sharp \end{pmatrix} \cdots \begin{pmatrix} c_{r+p} \\ \sharp \end{pmatrix}$,

$\quad z = \begin{pmatrix} a_1 \\ b_1 \end{pmatrix} \cdots \begin{pmatrix} a_k \\ b_k \end{pmatrix} \begin{pmatrix} c_1 \\ b_{k+1} \end{pmatrix} \cdots \begin{pmatrix} c_r \\ b_{k+r} \end{pmatrix} \begin{pmatrix} c_{r+1} \\ \sharp \end{pmatrix} \cdots \begin{pmatrix} c_{r+p} \\ \sharp \end{pmatrix}$,

ただし、「$k \geq 0, r \geq 0, p \geq 0, r + p \geq 1$」「$a_i \in V, 1 \leq i \leq k, b_i \in V, 1 \leq i \leq k+r, c_i \in V, 1 \leq i \leq r+p$」「$(c_i, b_{k+i}) \in \rho, 1 \leq i \leq r$」とする。

【スティッカー・システム】

「スティッカー・システム」は、「$\gamma = (V, \rho, A, B_d, B_u)$」で定義されます。

ここで、「V」は「アルファベット」を表わし、「$\rho \subseteq V \times V$」は「$V$」上の「対称関係」を、「$A$」は「$W_\rho(V)$ (公理)」の有限集合を、「B_d」「B_u」はそれぞれ「$\begin{pmatrix} \sharp \\ V \end{pmatrix}^+$」「$\begin{pmatrix} V \\ \sharp \end{pmatrix}^+$」の有限集合を表わします。

*

「スティッカー・システム」では、まず、「A」の列から開始し、「スティッカー操作」によって「B_d」「B_u」の「ストリング」を右に延長します。

*

「空白記号」がない場合、アルファベット「$\begin{pmatrix} V \\ V \end{pmatrix}_\rho$」の「ストリング」が得られます。このようなすべての「ストリング」の「言語」が「γ」で生成される「言語」になります。

*

この「言語」は、形式的には、次のように定義されます。

2つのストリング「$x, y \in W_\rho(V)$」について、次のように書くことにします。

第3章 DNAコンピュータの基礎

ある「$y \in B_d \cup B_u$」について、次の関係が成り立ちます。

$$x \Longrightarrow z \text{ iff } z = \mu(x, y).$$

また、「$\Longrightarrow$」の「反射推移閉包」を「$\Longrightarrow^*$」と書くことにします。

列「$x_1 \Longrightarrow x_2 \Longrightarrow ... \Longrightarrow x_k, x_1 \in A$」は、「$\gamma$」における「**計算**」(computation) と言います (長さは「$k-1$」)。

「計算」が「完全」なのは、「$x_k \in \begin{pmatrix} V \\ V \end{pmatrix}_\rho^*$」のときです。すなわち、合成記号の最後の列に「空白」がないときです。

*

「γ」で生成される言語「$L(\gamma)$」は、次のように定義されます。

$$L(\gamma) = \{w \in \begin{pmatrix} V \\ V \end{pmatrix}_\rho^* \mid x \Longrightarrow^* w, x \in A\}$$

したがって、「$L(\gamma)$」の定義では、完全な「計算」のみが考慮されます。

完全な計算は、継続されます。

エーデルマンの実験では、「B_d」は「グラフ・コード」に対応し、「B_u」は「グラフの矢印」を認識する、相補的な「ストリング」に対応します。

これによって、「DNAコンピュータ」の「計算」を「形式言語 理論」の通常の「生成機能」 (すなわち「生成能力」) に類似化できます。

*

「γ」についての完全な計算、

〔3.4〕スティッカー・システム

$$x_1 \Longrightarrow x_2 \Longrightarrow ... \Longrightarrow x_k, x_1 \in A, x_k \in \begin{pmatrix} V \\ V \end{pmatrix}_\rho^*$$

は、その適切な初期部分が完全なとき「基本的」と言い、各ステップ「$x_i \Longrightarrow x_{i+1}$」でスティッカー操作「**(2)**」または「**(4)**」を用いるとき「バランス的」と言います。

*

「$L_p(\gamma)$」「$L_b(\gamma)$」「$L_{pb}(\gamma)$」を、それぞれ、基本的、バランス的、基本的かつバランス的な「γ」の完全な「計算」で得られるストリング「$w \in \begin{pmatrix} V \\ V \end{pmatrix}_\rho^*$」の「言語」とします。

*

集合「B_d」「B_u」の「ストリング」が「1」から「$card(B_\alpha), \alpha \in \{d, u\}$」の自然数に一対一にラベル付けされると仮定し、そのラベル付けを「$e_\alpha : B_\alpha \to \{1, ..., card(B_\alpha)\}, \alpha \in \{d, u\}$」と書きます。

ただし、「$card(B_\alpha)$」は「B_α」の「濃度」を表わします。

ある「計算」について、

$$D : x_1 \Longrightarrow x_2 \Longrightarrow ... \Longrightarrow x_k, x_1 \in A, x_k \in \begin{pmatrix} V \\ V \end{pmatrix}_\rho^*,$$

かつ、「$1 \leq j \leq k-1$」「$\alpha \in \{d, u\}$」について、

$$e_\alpha(x_j \Longrightarrow x_{j+1}) = \begin{cases} e_\alpha(y) & (x_{j+1} = \mu(x_j, y), y \in B_\alpha) \\ \lambda & (\text{その他の場合}) \end{cases}$$

第3章　DNAコンピュータの基礎

と書きます。

　また、「$e_\alpha(D)$」を次のように定義します $(\alpha \in \{d, u\})$。

$$e_\alpha = e_\alpha(x_1 \Longrightarrow x_2)e_\alpha(x_2 \Longrightarrow x_3)...e_\alpha(x_{k-1} \Longrightarrow x_k),$$

　なお、「$e_d(D)$」「$e_c(D)$」は、それぞれ、「D」に付随する「d-コントロール」「u-コントロール」と言います。

　「$e_d(D) = e_u(D)$」を満足する計算「D」は、「整合的」と言います。また、「$|e_d(D)|=|e_u(D)|$」（「$|x|$」はストリング「x」の「長さ」）のとき、「D」は「正当」と言います。

　「γ」の整合的、完全な「計算」、および、正当的、完全な「計算」で得られる「$\binom{V}{V}^*_\rho$」の「ストリング」の「言語」を、それぞれ、「$L_c(\gamma)$」「$L_{(\gamma)}$」と書きます。なお、整合的な「計算」は正当的になります。

*

　上記の定義から、すべての「$\alpha \in \{p, b, pb, c, f\}$」について「$L_\alpha(\gamma) \subseteq L(\gamma)$」になります。「$L(\gamma), L_p(\gamma), L_b(\gamma), L_{pb}(\gamma), L_c(\gamma), L(\gamma)$」の形の「言語」の族を、それぞれ「$L, PSL, BSL, PBSL, CSL, FSL$」と書くことにします。

　「スティッカー・システム」は文法的に定義されるので、その「生成能力」が問題になります。
　基本的な「スティッカー・システム」の多くは「正規言語」(regular language: REG) のみを生成します。

　それぞれの「正規言語」は、基本タイプの「スティッカー・システム」で生成される「言語」の、「弱コーディング」(weak coding) として表現できます。

〔3.4〕スティッカー・システム

「弱コーディング」はすべての「$a \in V_1$」について「$h(a) \in V_2 \cup \{\lambda\}$」を満足する写像「$h : V_1^* \to V_2^*$」です。

すべての「$a \in V_1$」について「$h(a) \in V_2$」ならば、「h」は「コーディング」(coding) と言います。

以下、さまざまな「スティッカー・システム」の「生成能力」の関係について見てみます。

【補助定理 3.1】
$SL \subseteq REG$.

【補助定理 3.2】
$PSL \subseteq REG$.

【補助定理 3.3】
$BSL \subseteq REG$.

「補助定理 3.2, 3.3」から「補助定理 3.4」を得ます。

【補助定理 3.4】
$PBSL \subseteq REG$.

「弱コーディング」を考慮すると、上記の「補助定理」の逆も成り立ちます。

【補助定理 3.5】
すべての「正規言語」は、「$SL \cap PSL \cap BSL cap PBSL$」の「言語」の「弱コーディング」として特徴付けられます。

第3章　DNAコンピュータの基礎

「言語」の族「F」「$L \in F$」および「弱コーディング」の「g」について、「$g(L)$」の形の「言語」の「族」を「$wcode(F)$」書くことにします。

【定理 3.1】
$REG = wcode(SL) = wcode(PSL) = wcode(BSL) = wcode(PBSL)$.

＊

次に、「CSL」が計算可能的に汎用、すなわち、「$wcode(CSL) = RE$」を示します。ここで、「RE」は「**帰納的 可算可能 言語**」(recursively enumerable language) を表わします。

「定義」より、「スティッカー・システム」によって生成されるすべての「言語」が「文脈依存」なのは明らかです。さらに、「**チューリング＝チャーチ提唱**」(Turing-Church thesis) から、次の「補助定理」を得ます。

【補助定理 3.6】
$wcode(CSL) \subseteq RE$.

【補助定理 3.7】
すべての「帰納的 可算 言語」は、「CSL」の「言語」の「弱コーディング」として表現可能です。

【補助定理 3.7】
「帰納的 可算 言語」の「$L \subseteq T^*$」について、2個の「$\lambda-$自由写像」の「$h_1, h_2 : \Sigma_2^* \to \Sigma_*^1$」、「正規言語」の「$R \subseteq \Sigma_1^*$」、「射影」の「$\Sigma_1^* \to T^*$」が存在し、

〔3.4〕スティッカー・システム

$$L = h_T(h_1(E(h_1, h_2)) \cap R)$$

を満足します。

「補助定理 3.6, 3.7」から、次の定理を得ます。

【定理 3.2】
$RE = wcode(CSL).$

正当な計算については、次の定理が成り立ちます。

【定理 3.3】
$REG \subset wcode(SL) \subset RE.$

カリらの研究は、「DNA コンピュータ」の「計算可能性」を「形式言語理論」の立場から探求した点で、理論的に重要と考えられます。

3.5 分子オートマトン

2001年、イスラエルのシャピロ (Shapiro) の研究グループは「分子オートマトン」(molecular automaton) に基づく実用的な「DNAコンピュータ」を開発。さらに、2004年には、その改良を行ないました。

以下では、それらの理論的基礎である、「分子オートマトン」について解説します。

*

「分子オートマトン」は、「2状態」の「有限オートマトン」として形式化されます。よって、「DNAコンピュータ」の「計算モデル」は、単純な「有限オートマトン」で記述されることになります。

【有限オートマトン】

「オートマトン」(automaton) は、「計算」を記述するモデルで、さまざまな「システム」の記述に用いられています。

「オートマトン」は汎用的なので、「DNAコンピュータ」の計算を数学的に記述できます。

「オートマトン」は、「入力」「内部状態」「出力」によって計算を記述します。

なお、「オートマトン」は、「ハード」「ソフト」「アルゴリズム」「プロセス」「言語」などのモデル化に利用されています。

*

実際、多くの種類の「オートマトン」が研究されていますが、主なものを計算能力の順に列挙すると、次のようになります。

- 有限オートマトン (finite automaton: FA)
- プッシュ・ダウンオートマトン (pushdown automaton)
- 線形有界オートマトン (linear bounded automaton)

〔3.5〕分子オートマトン

● チューリングマシン (Turing machine: TM)

「有限オートマトン」は、入力装置をもつが出力装置をもたないもっとも単純な「オートマトン」です。なお、「有限オートマトン」は「有限状態機械」(finite state machine: FSM) とも言います。

「オートマトン」は、「内部状態」に関する「状態遷移関数」によって解釈することができます。すなわち、「オートマトン」では、入力記号列がテープに書き込まれ、その先頭のマスをヘッドが見ます。

そして、「状態遷移関数」により定義された操作が繰り返されます。
その結果、指定された状態、すなわち、「受理状態」に達していれば、「オートマトン」はその入力を受理し、また、そうでなければ入力を棄却します。

「有限オートマトン」は、「テープ」「ヘッド」「有限状態装置」から構成されます。なお、「ヘッド」は一方向のみに動きます。また、「有限状態装置」は制御を行なうものです。そして、「テープ」は1本のみです。

「有限オートマトン M」は、$(Q, \Sigma, \delta, q_0, F)$ で定義されます。ここで、「Q」は空でない「状態」(state) の有限集合、「σ」は空でない「入力記号」(input symbol) の有限集合です。

【状態遷移関数】

「δ」は、「$Q \times \Sigma \to Q$」の「状態遷移関数」(state transition function) です。「$q_0 \in Q$」は「初期状態」(initial state)、「$F \subseteq Q$」は「受理状態」(accepting state) の「集合」です。

この定義から、「状態遷移関数 δ」は、

$$\delta(q_i, s) = q_j$$

の形で表わされます。ただし、「$q_i, q_j \in Q, s \in \Sigma$」となります。

「δ」は、『状態「q_i」で「入力記号」が「s」であれば、「状態」は「q_j」に遷移する』と解釈できます。

したがって、「状態遷移関数」を「$Q \times \Sigma^* \to Q$」と定義すると、入力記号列についての「状態遷移」を計算することができます。すなわち、次のようになります。

$$\delta(q, s_1 s_2 \cdots s_n) = \delta(\cdots \delta(\delta(q, s_1), s_2) \cdots, s_n)$$

ただし、「$s_1 s_2 \cdots s_n \in \Sigma^*$」です。

たとえば、有限オートマトン「$FA_1 = (Q, \Sigma, \delta, q_0, F)$」を次のように定義します。

$Q = \{q_0, q_1, q_2\},$
$\Sigma = \{a, b\},$
$F = \{q_2\}$
$\delta(q_0, a) = q_1, \delta(q_0, b) = q_0,$
$\delta(q_1, a) = q_1, \delta(q_1, b) = q_2,$
$\delta(q_2, a) = q_1, \delta(q_2, b) = q_0$

なお、「δ」の定義には「**状態遷移表**」(state transition table) が用いられます。「状態遷移表」では、「行」に「状態」を書き、「列」に「入力記号」を書くことによって、遷移する「状態」が定義されます。

〔3.5〕分子オートマトン

「FA_1」の「δ」を「状態遷移表」で表わすと、次のようになります。

δ	a	b
q_0	q_1	q_0
q_1	q_1	q_2
q_2	q_1	q_0

*

では、「有限オートマトン」の「FA_1」が、「入力記号」をいかに「認識」するか、見てみましょう。

*

まず、入力記号列「ab」を与えてみます。
そうすると、「状態遷移関数」は、次のように書けます。

$$\delta(q_0, ab) = \delta(\delta(q_0, a), b) = \delta(q_1, b) = q_2 \in F$$

[1]　まず、「入力記号列」の「状態遷移」の定義から、「$\delta(q_0, ab) = \delta(\delta(q_0, a), b)$」になります。

[2]　次に、「状態遷移図」を見ると、「$\delta(q_0, a) = q_1$」になっています（「1 行 1 列」）。よって、「$\delta(\delta(q_0, a), b) = \delta(q_1, b)$」になります。

[3]　次に、「状態遷移図」を見ると、「$\delta(q_1, b) = q_2$」になっています（「2 行 2 列」）。これ以上の「状態遷移」は行なわれないので、「q_2」が「最終状態」になります。

[4]　よって、「最終状態」は「受理状態」に含まれているので、「FA_1」は入力記号列「ab」を受理します。

*

次に、「$aabab$」が受理されるか、見てみましょう。

第3章 DNAコンピュータの基礎

$$\begin{align*}
\delta(q_0, aabab) &= \delta(\delta(q_0, a), abab) \\
&= \delta(q_1, abab) \\
&= \delta(\delta(q_1, a), bab) \\
&= \delta(q_1, bab) \\
&= \delta(\delta(q_1, b), ab) \\
&= \delta(q_2, ab) \\
&= \delta(\delta(q_2, a), b) \\
&= \delta(q_1, b) = q_2 \in F
\end{align*}$$

よって、入力記号列「$aabab$」は受理されます。

また、「baa」がを与えると、状態遷移関数は次のように書き換えられます。

$$\begin{align*}
\delta(q_0, baa) &= \delta(\delta(q_0, b), aa) \\
&= \delta(q_0, aa) \\
&= \delta(\delta(q_0, a), a) \\
&= \delta(q_1, a) \\
&= q_1 \notin F
\end{align*}$$

【状態遷移図】

「オートマトン」の動作は、「**状態遷移図**」(state transition diagram) によって図示できます。「状態遷移図」では、各状態は丸の節点で表わされ、節点内に状態名が書かれます。

そして、状態遷移関数「$\delta(q_i, s) = q_j$」は、節点「q_i」から節点「q_j」への矢印線で表わされます。

なお、始点の状態がない矢印線が向けられている状態は「初期状態」を表わし、また、二重丸の節点は「受理状態」を表わします。

〔3.5〕分子オートマトン

*

有限オートマトン「FM_1」の「状態遷移図」は、図 3.4 になります。

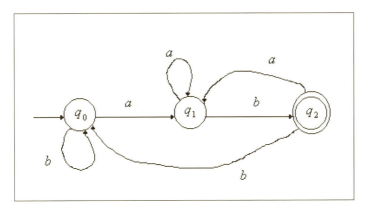

図 3.4 「有限オートマトン」の「状態遷移図」

なお、「有限オートマトン」の「状態遷移図」は、「有限オートマトンモデル」(finite automaton model) とも言います。

*

さて、有限オートマトン「FM_1」では、現在の状態と入力により次の状態が一意に決まっていますが、このような「有限オートマトン」は、「**決定性 有限オートマトン**」(deterministic finite automaton) と言います。

これに対して、現在の状態において、遷移状態に複数の可能性がある「有限オートマトン」は、「**非決定性 有限オートマトン**」(non-deterministic finite automaton) と言います。

「非決定性 有限オートマトン」では、状態遷移 関数「δ」は、

$$\delta(q, s) \subseteq Q$$

を満足します。

なお、「非決定性 有限オートマトン」は「決定性 有限オートマトン」に変換可能であることが知られています。

「FM_1」に対応する「非決定性 有限オートマトン FM_2」の「状態 遷移図」は、図 3.5 のように書けます。

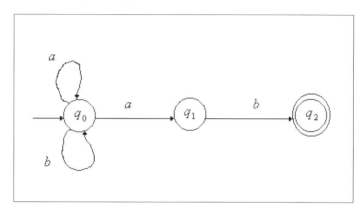

図 3.5　「非決定性 有限オートマトン」の「状態 遷移図」

「非決定性 有限オートマトン」では、1つの「節点」から複数の矢印が出ていますが、これが「非決定性」を表わしています。

【形式言語】

「形式言語」は、「形式文法」(formal grammar) によって生成される「言語」です。

ある「オートマトン」によって受理される「文字列」の全体が、対応する「形式文法」によって生成される「形式言語」に対応します。

「形式文法」は、1950 年代後半にチョムスキー (Chomsky) によって提案されたものです (Chomsky (1957) 参照)。

そして、「形式文法」は、現在では、「自然言語処理」「コンパイラ理論」などの基礎になっています。

「形式文法」の基本は、「**句構造文法**」(phrase structure grammar) です。

「**句構造文法**」は、ある「言語」の正しい文(「適格文」)を生成するための「**書き換え規則**」(rewriting rule) の「集合」によって定義されます。

「書き換え規則」は、

$$\alpha \to \beta$$

の形の規則で、「文法構造 α」を「文法構造 β」に書き換え可能であることを示しています。「書き換え規則」によって、ある文法における正しい文(「適格文」)を帰納的に生成できます。

「句構造文法 G」は、「(V_N, V_T, P, S)」で定義されます。ここで、「V_N」は「**非終端記号**」(non-terminal symbol) の「集合」、「V_T」は「**終端記号**」(terminal symbol) の「集合」、「P」は「**書き換え規則**」の「集合」、「S」は「**開始記号**」(start symbol) を表わします。

なお、各集合は「空集合」ではありません。また、「$V_N \cap V_T = \emptyset, S \in V_N$」を満足します。「書き換え規則」は、「$\alpha \to \beta$」の形の「規則」です。「$\alpha, \beta$」は「非終端記号」または「終端記号」の列ですが、「α」は少なくとも1つの「非終端記号」を含みます。

開始記号「S」から出発し、「書き換え規則」を有限回適用して得られる「終端記号」の列の「集合」は、文法「G」により生成される「言語」と言い、「$L(G)$」と書きます。

たとえば、文法「$G = (V_N, V_T, P, S)$」を次のように定義します。

第3章 DNAコンピュータの基礎

- $V_N = \{S, B, C\}$
- $V_T = \{a, b, c\}$
- $P = \{S \to aSBC, S \to aBC, CB \to BC,$
  $aB \to ab, bB \to bb, bC \to bc, cC \to cc\}$

開始記号「S」に「P」の適当な記号を適用して「終端記号」の列を生成します。記号列「α」から記号列「β」が得られることを「$\alpha \Rightarrow \beta$」と書くことにします。

そうすると、たとえば、次のようになります。

$S \Rightarrow aBC \Rightarrow abC \Rightarrow abc$

まず、「$S \to aBC$」によって「$S \Rightarrow aBC$」が得られます。次に、「$aB \to ab$」によって「$aBC \Rightarrow abC$」が得られます。

最後に、「$bC \to bc$」によって「$abC \Rightarrow abc$」が得られます。したがって、文法「G」は記号列「abc」を生成します。

同様にして、

$S \ \Rightarrow aSBC \Rightarrow aaBCBC \Rightarrow aaBBCC \Rightarrow aabBCC$
$\Rightarrow aabbCC \Rightarrow aabbcC \Rightarrow aabbcc$

になるので、文法「G」は、記号列「$aabbcc$」を生成します。なお、「$aabbcc$」は「$a^2b^2c^2$」とも書きます。

なお、上記の文法「G」は、言語「$L(G) = \{a^n b^n c^n \mid n \geq 1\}$」を生成することが知られています。

【チョムスキー階層】

チョムスキーは、「書き換え規則」に各種の制限を課すことによって、文法を「0 型」から「3 型」までの 4 個の文法に階層化しましたが、この階層は、「**チョムスキー階層**」(Chomsky hierarchy) と言います。

まず、「書き換え規則」の形が、

$$\alpha \to \beta$$

であり、何の制限のない「文法」は、「**無制限文法**」(unrestricted grammar)、または、「**0 型文法**」(type 0 grammar) と言います。

「無制限文法」によって生成される「言語」は、「**無制限言語**」(unrestricted language)、または、「**0 型言語**」(type 0 language) と言います。「無制限文法」は、「句構造文法」に対応します。

*

「**文脈依存 文法**」(context-sensitive grammar) は、「無制限文法」の書き換え規則「$\alpha \to \beta$」に、

$$|\alpha| \leq |\beta|$$

の形の制限を課した「文法」です。

ただし、「$|\alpha|$」は、「α」の記号列の長さを表わします。「**文脈依存 文法**」は、「**1 型文法** (type 1 grammar) とも言います。「**文脈依存 文法**」では、ある特定の文脈における記号の書き換えが可能です。

「文脈依存 文法」によって生成される「言語」は、「**文脈依存 言語**」(context-sensitive language)、または、「**1 型言語**」(type 1 language) と言います。

「**文脈自由 文法**」(context-free grammar) は、「書き換え規則」が次の形の「文法」です。

$$A \to \alpha$$

ただし、「$A \in V_N$」です。「文脈自由 文法」は、「**2 型文法**」(type 2 grammar) とも言います。

「文脈自由文法」によって生成される「言語」は、「**文脈自由 言語**」(context-free language)、または、「**2 型言語**」(type 2 language) と言います。

「**正規文法**」(regular grammar) は、「書き換え規則」が次のいずれかの形である「文法」です。

$$A \to a,$$
$$A \to aB$$

ただし、「$A, B \in V_N, a \in V_T$」です。「正規文法」は、「**3 型文法**」(type 3 grammar) とも言います。

*

「正規文法」によって生成される「言語」は、「**正規言語**」(regular language)、または、「**3 型言語**」(type 3 language) と言います。

「n 型 言語」を「L_n」と書くと (「$0 \leq n \leq 3$」)、「チョムスキー階層」は、次のように書けます。

$$L_3 \subset L_2 \subset L_1 \subset L_0$$

なお、チョムスキーは、「自然言語」の「文法」は、「0型文法」であると考えました。

チョムスキーの「英語のための文法」は、一般には、**変形文法**（transformational grammar）と言いますが、「生成能力」の観点からは、「0型文法」に対応します。

さて、「オートマトン」が受理する記号列の「集合」を「言語」と考えると、「オートマトン」と「形式言語」の間には対応関係があります。この関係によって「オートマトン」を「形式言語」の「認識機械」として用いることができます。対応関係を表にすると、**表 3.4** になります。

表 3.4　「オートマトン」と「形式言語」の関係

文法の型	言語の種類	受理するオートマトン
0	無制限言語	チューリング・マシン
1	文脈依存言語	線形有界オートマトン
2	文脈自由言語	プッシュダウンオートマトン
3	正規言語	有限オートマトン

表 3.4 から分かるように、計算能力の高い「オートマトン」がより生成能力の高い「文法」の「言語」を受理することになります。

理論的には、「チューリング・マシン」によって、すべての「計算」をシミュレートできます。よって、「チューリング・マシン」は汎用的な「計算モデル」として用いられます。なお、「チューリング・マシン」は非常に重要なので、**第 5 章**で詳しく解説します。

第3章　DNAコンピュータの基礎

【分子オートマトン】

シャピロの「分子オートマトン」は、理論的には、「2状態」の「有限オートマトン」で、病気の診断をします。

「状態」は、「Yes」(肯定) と「No」(否定) になります。

＊

「分子オートマトン」の「計算」は、「Yes」から開始され、「診断規則」によって行なわれます。

なお、「診断規則」による「状態遷移」は、統計的に実行されます。

「計算」が「最終状態」として「Positive diagnosis」(肯定診断) で終了すれば、「診断」は「肯定」され、そうでなければ、「診断」は「否定」されます。

医療への応用を想定した単純なモデルとして、形式化されています。

＊

「診断規則」の左辺は、「『分子』を示す記号列」(記述子) で表わされます。

なお、「記述子」は「薬」と解釈でき、「肯定診断」の場合は「薬を処方」し、「否定診断」の場合は「薬を処方しない」ことになります。

すなわち、「肯定診断」を前提に「DNA」の操作で「計算」を行ない、その「診断」が正しいか、チェックします。

＊

なお、各「記号」について、「3種類の遷移」のみが許されます。

すなわち、「Yes → Yes」「Yes → No」「No → No」です。「Yes → Yes」は薬の容認に、「Yes → No」は薬の非認に、「No → No」は薬の無視に対応します。

＊

「分子オートマトン」の「状態遷移図」は、図 3.6 になります。

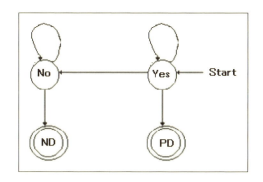

図 3.6 「分子オートマトン」の「状態遷移図」

ここで、「PD」は「肯定診断」を表わし、「ND」は「否定診断」を表わします。これらは、「最終状態」です。

【「前立腺癌」を診断する「分子オートマトン」】

以下では、「前立腺癌」(prostate cancer) を診断する「分子オートマトン」を説明します (Beneson et al. (2004) 参照)。

「前立腺癌」は、欧米では男性癌死亡例の「約 20 ％」(「肺癌」に次いで第 2 位) ですが、日本では、わずか「約 5 ％」程度です。この差は、食生活に原因があると言われています。

*

「前立腺癌」の「分子オートマトン」では、癌の有無は「**mRNA 分子**」(messanger RNA molecular) の組み合わせが、あるレベルで認識される、という考え方を採用しています。

すなわち、「癌」があれば、特定の「DNA」が活性化される、ということです。

ここで、「mRNA」は、「タンパク質」合成の際にかかわる「DNA」の、「塩基配列」が写し取られる、「RNA」です。

第3章 DNAコンピュータの基礎

たとえば、「前立腺癌」の規則は、「$PPAP2B\downarrow GSTB1\downarrow PIM\uparrow HPN\uparrow$」になります。

各記号について、この「分子オートマトン」では、「Yes → Yes」「Yes → No」「No → No」の3個の遷移が可能で、ストリング左から右へ1個ずつ記号を処理します。

*

シャピロらが開発した「分子コンピュータ」は、「入力」「計算」「出力」の3個の「分子モジュール」から構成されています (図 3.7)。

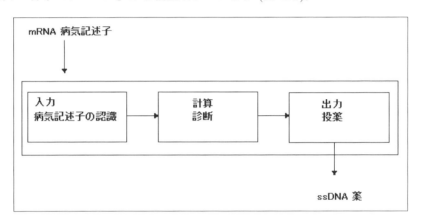

図 3.7 「DNA コンピュータ」の構成

「前立腺癌」の「診断規則」は、次の2つです。

$ASCL1\uparrow \& GRIA2\uparrow \& PTTG\uparrow$
→ Administer TCTCCAGCGTGCCGCAT
$PPAP2B\downarrow \& GSTP1\downarrow \& PIM1\uparrow \& HPN\uparrow$
→ Administer GTTGGTATTGCACAT

ここで、「↑」は「過剰表現」を、「↓」は「不足表現」を表わします。

したがって、最初の「診断規則」は、『「$ASCL1$」「$GRIA2$」「$PTTG$」が過

剰なら、ssDNA モジュール「TCTCCCAGCGTGCCGCAT」を処方する』ことを意味しています。

＊

また、2 番目の「診断規則」は、『「$PPAP2B$」「$GSTP1$」が不足し、「$PIM1$」「HPN」が過剰なら、ssDNA モジュール「GTTGGTATTGCACAT」を処方する』ことを意味しています。

＊

「分子コンピュータ」による「前立腺癌」の診断の計算は、図 **3.8** になります。

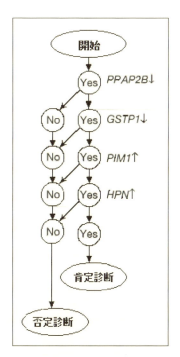

図 **3.8** 診断の計算

第3章 DNAコンピュータの基礎

【分子チューリングマシン】

　2006年に、シャピロらは「分子オートマトン」を一般化した「DNAコンピュータ」の「分子チューリングマシン」(molecular Turing machine) による「計算モデル」を提案しています (Shapiro and Benenson (2006))。

　「分子チューリングマシン」では、マスの記号が分子記号の「ストリング」になり、マスの位置をスキャンする「ヘッド」は左右に移動できます。また、「規則」によって「状態」と「ヘッド」の位置を変更し、「規則」を繰り返し適用した操作の最終状態 (すなわち、計算結果) が受理されるかを決定できるようになっています。

　「分子オートマトン」は、「分子チューリングマシン」を単純化した「有限オートマトン」と解釈できます。したがって、シャピロらの「DNAコンピュータ」はもっとも単純な「有限オートマトンモデル」に基づくと言えます。

　彼らは、「分子チューリングマシン」を厳密な数学的形式化なしに概要のみを示しています。よって、詳細な検討は必要になりますが、「分子チューリングマシン」は、「DNAコンピュータ」の汎用的な「計算モデル」と言っていいでしょう。

*

　さらに、シャピロらは同じ論文で「**DNAドクター**」(DNA doctor) という概念も導入しています。「DNAドクター」は、細胞に埋め込まれた「DNAコンピュータ」です。

　よって、「DNAドクター」は病気を感知し、的確な処置を出力する「DNAコンピュータ」の医療分野への究極な応用の1つと考えられます。

　シャピロは、「DNAドクター」の医療への可能性について次のように述べています。

〔3.5〕分子オートマトン

> 将来、「DNA コンピュータ」が医療分野に導入されれば、プログラムによって医者と同様の判断ができるだろう。

　シャピロらの「DNA コンピュータ」では、「分子オートマトン」に基づき、いわゆる「制御酵素」を利用した操作が用いられています。

　さらに、「DNA コンピュータ」では、従来のコンピュータとは異なり、「分子」を多数揃えて「並列計算」ができます。したがって、「ハミルトン経路問題」「充足可能性問題」などの計算量の難問を「線形時間」で解けます。

＊

　カリンスキー(Karinski)とサコウスキー(Sakowski)は、シャピロらの「DNA コンピュータ」の数学モデルを詳細に研究しています(Karinski and Sakowski (2006) 参照)。彼らは、「有限オートマトン」によって「分子オートマトン」のモデル化を行なっています。

【「DNA コンピュータ」の可能性】

　上記で紹介したエーデルマン、リプトン、萩谷、シャピロの「DNA コンピュータ」は、特定の問題を解くために開発された「専用 DNA コンピュータ」です。よって、さまざまな問題を解く汎用性はありません。

　しかし、彼らは、実際に「DNA コンピュータ」を構築しました。よって、「DNA コンピュータ」の有用性を実際に示したことには変わりはなく、歴史的に意義があると考えられます。

＊

　シャピロの「DNA コンピュータ」は「医療用コンピュータ」ということでの汎用性はありますが、それ以上の拡張に関する柔軟性はありません。
　後に、彼らが提案した「分子チューリングマシン」は、「分子オートマトン」を拡張した、という点で有望と考えられます。

第3章　DNAコンピュータの基礎

　また、「スティッカー・システム」は「形式言語理論」に基づく計算モデルとしては注目されますが、形式化が非常に複雑です。また、実際の「DNA コンピュータ」の構築にいかに応用できるかの問題があります。

*

　なお、「形式言語理論」をベースにした理論としては、「**スプライシング・システム**」(splicing system, H-system) も知られていますが、歴史的には、エーデルマンの研究以前に「DNA 組み換え」のモデルとして提案されました (Paum et al. (1998) 参照)。

*

　さて、「DNA コンピュータ」の「並列性」は 1 つの利点ですが、並列度が高くなると、計算のエラー率が高くなるという課題もあります。したがって、「並列性質」と「エラー率」のトレードオフをどのように克服するかも必要になります。

　以上の点から考察すると、初期的な研究は「DNA コンピュータ」の可能性を示した点では重要ですが、汎用性および規模の点で現在の「ノイマン型コンピュータ」を超えるものであることを明確にしたものではありません。

　すなわち、総合的には、「DNA コンピュータ」が「ノイマン型コンピュータ」に代わるものにはならない、ということです。

　しかし、シャピロらの研究に見られるように、医学への応用については「バイオ・テクノロジー」の新たな分野を開拓しつつある、と言えるでしょう。

＊＊

　第 4 章で紹介するように、「DNA コンピュータ」を汎用的に実用化するには、その「アーキテクチャ」の確立が要求されます。「ユニバーサル DNA チップ」は、そのような考え方で考案されたものです。また、「DNA ドクター」ももう 1 つの考え方です。

第4章
「DNAコンピューティング」と「バイオ・テクノロジー」

この章では、「DNAコンピューティング」と「バイオ・テクノロジー」を説明します。「DNAコンピューティング」は「バイオ・テクノロジー」のさまざまな技術と、深く関連しています。ここでは、「ユニバーサルDNAチップ」「知的DNAチップ」「自己組織化」を紹介します。

4.1　ユニバーサルDNAチップ

　「DNAコンピュータ」は、歴史的には、「ハミルトン経路問題」などの「NP完全問題」を解くために考案されたことは、すでに説明しました。

　そして、「DNAコンピュータ」は、理論的には、「コンピュータ」の「超小型化」と「超高速化」を実現できると考えられます。

　しかし、現状は、従来の「ノイマン型コンピュータ」のように汎用的に高速計算ができるわけではありません。
　なぜなら、汎用の「DNAコンピュータ」の開発レベルは、「ノイマン型コンピュータ」に程遠いからです。

　したがって、1つの大きな問題に直面します。
　『「DNAコンピュータ」は、「ノイマン型 コンピュータ」の代わりになるか』

第4章 「DNAコンピューティング」と「バイオ・テクノロジー」

という問題です。

この問題は、「DNAコンピュータ」に限らず、「量子コンピュータ」などの他の「非ノイマン型コンピュータ」にも関わる、大きな問題です。

「DNAコンピュータ」について言えば、「汎用DNAコンピュータ」が開発されない限り、この問題は解決されません。

しかし、視点を変えれば、『汎用』という意味を「分子レベルの情報処理」と解釈すれば、「DNAコンピュータ」の汎用性を考えることができます。

*

すなわち、「DNAコンピュータ」は、医療分野への応用が期待でき、いわゆる「バイオ・テクノロジー」(biotechnology: 生命工学, 生物工学) の新たな道具になる可能があります。

「バイオ・テクノロジー」は、「生物学」を工学的な手法で研究し応用する分野で、「コンピュータ」はその研究において重要な役割を果たします。

したがって、「バイオ・テクノロジー」との関連で「DNAコンピュータ」の可能性を追求すれば、「DNAコンピュータ」は「汎用医療コンピュータ」を実現できると考えられます。しかし、それを実現するのは必ずしも容易ではありません。

なぜなら、「DNAコンピュータ」は「DNA分子」から構成され、「入力」「計算」「出力」は分子レベルの操作で行なわれます。

たとえ分子レベルでの「計算」が高速でも、「入出力」に手間がかかるとすれば、「コンピュータ・システム」としては役に立ちません。

*

そこで、「入出力」の手間を単純化するのに必要になるのが、「DNA」の計測を行なうチップ、すなわち「**DNAチップ**」(DNA chip) です。

しかし、「DNAチップ」も多数の「分子」を集めて基板化したもので、「コ

ンピュータ」の処理に最適とは言えません。

　東京大学の陶山らは、「DNA」を直接計測するのではなく、いったん人工的な「塩基配列」に変換して計測を行なう、「**ユニバーサル DNA チップ**」(universal DNA chip) を 2000 年に提案しています (Suyama et al. (2000))。

　「ユニバーサル DNA チップ」は、「DNA コンピュータ」の「コンポーネント」(特に「出力コンポーネント」) として重要と考えられます。

　「ユニバーサル DNA チップ」では、「遺伝子情報」は、まず、「**DNA 符号化数** (DNA coded number: DCN) という人工的な「塩基配列」に変換され、その「塩基配列」について、計測が行なわれます。

　「DCN 符号化数」は「配列」の一種なので、それを用いて直接的に計算ができます。
　また、さまざまな配列計算の手法も利用できます。
　よって、汎用性があり、また、計算のエラー率を減少できます。

4.2　知的DNAチップ

　さらに、榊原と陶山は、「ユニバーサル DNA チップ」を拡張した「**知的 DNA チップ**」(intelligent DNA chip) も提案しています (Sakakibara and Suyama (2000))。
　「知的 DNA チップ」は、「ユニバーサル DNA チップ」に「ブール関数」を用いた「推論」と、「学習機能」を追加したものです。
　　　　　　　　　　　　　＊
　たとえば、『遺伝子「A」が表現され、「B」が表現されていなければ、ある病気の遺伝子「B」が表現される』というような診断に関する推論は、次の「論理式」で記述できます。

第4章 「DNAコンピューティング」と「バイオ・テクノロジー」

$$A \wedge \neg B \to C$$

ここで、「ブール変数」は、「遺伝子」が表現されるならば値「1」を取り、そうでなければ値「0」を取ります。

明らかに、このような推論は、「診断」などの医療情報処理に非常に有用です。

すなわち、「知的DNAチップ」は、「塩基配列」の計測だけではなく、『「塩基配列」を表現するブール式を発見できる』という意味で、「DNA」の効率的かつ知的な解析を可能にすると考えられます。

なお、「ユニバーサルDNAチップ」「知的DNAチップ」は「遺伝子情報」の解析などに応用されています。

【「知的DNAチップ」の特徴】

「知的DNAチップ」は、2つの利点をもちます。

まず、(A)「mRNA」が系列化されている必要がないことです。なぜなら、「mRNA」は「DNA符号化数」に変換され、処理されるからです。

また、(B)「DNA符号化数」によるデジタル化を用いることによって、小さい情報で「mRNA」を表現でき、また、元の表現を隠すこともできます。

これらはデジタル技術を利用していることで可能になります。

通常の「DNAチップ」は、図4.1のように表わされます。

〔4.2〕知的DNAチップ

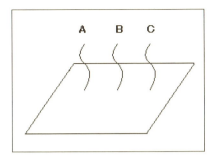

図 4.1 通常の DNA チップ

ここで、「A, B, C」は「DNA」を表わしています。
なお、これらの「DNA」は化学的手法で計測されます。

＊

「知的 DNA チップ」は、図 4.2 のように表わされます。

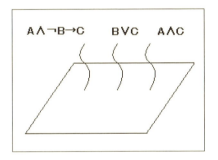

図 4.2 知的 DNA チップ

ここで、「A, B, C」は、「DNA」に対応する「DNA 符号化数」を表わしています。

この「知的 DNA チップ」では、「DNA」についての「論理的操作」、すなわち、「論理的推論」ができます。

＊

榊原（さかきばら）と陶山（すやま）は、「遺伝子表現」を見つけ、さらに「遺伝子表現」の論理式を見つける、汎用的な「DNA チップ」を実装しました。

第4章 「DNAコンピューティング」と「バイオ・テクノロジー」

図 4.2 の「$A \wedge \neg B \to C$」は、上述のように、『遺伝子「A」が表現され「B」が表現されていなければ、遺伝子「C」が表現される』、ということを意味しています。

「DNA」を「論理式」で記述することには利点があります。すなわち、「遺伝子」の異なるサンプルを用いて、病気特有の「遺伝子」を発見できる可能性があるからです。

【DNA 符号化数】

「知的 DNA チップ」では、「DNA 符号化数」(DCN) が重要な役割を果たします。

「DNA 符号化数」は、「DNA 正規 直交 塩基配列」の集合から選択された、「DNA 塩基配列」によって表現される、「分子的 算術数」です。

「表現遺伝子」と「非表現遺伝子」に付随する「DNA 符号化数」は、「DNA 分子反応」を用いて生成されます。

「表現遺伝子 転写」は、部分的に「二重鎖 DNA」の「アダプター分子 A」と、「一重鎖 DNA」の「アンカー分子 a」をもつ対応する「DCN」に変換されます。

「アダプター」は、ターゲットの配列の「右半分の一重鎖」の部分と、「DCN」をエンコードする共通の配列「SD」「ED」がある、「二重鎖」をもちます。

また、「アンカー」は、ターゲットの「左半分の一重鎖」の部分をもちます。

なお、「DCN」を記述する「一重鎖 DNA」は、「SD」「$\overline{ED}$」の対の「PCR」によって増幅されます。

増幅された「DCN」は、「磁気ビーズ」によって認識されます。

〔4.2〕知的DNAチップ

抽出された「DCN」の一部は、「非表現遺伝子」の生成に用いられます。

また、「表現遺伝子」の「$\overline{DCN}$ 鎖」は、「$DCN*-DCN$ 配列」の「一重鎖」に融解されます。

【DNA 塩基配列上の論理式】

「ブール式」(論理式) は「連言 (and)」「選言 (or)」「否定 (not)」によって、「ブール関数」(論理関数) を記述します。

n 個の「ブール変数」の集合を、「$X_n = \{x_1, x_2, ..., x_n\}$」とします。

「真理値 割り当て」の「$a = (b_1, b_2, ..., b_n)$」は、「X_n」から集合「$\{0, 1\}$」への写像「$X_n \to \{0, 1\}$」、または、長さ「n」の「バイナリ・ストリング」です ($b_i \in \{0, 1\}, 1 \leq i \leq n$)。

*

「ブール変数」は、「遺伝子表現」に対応します。

すなわち、「遺伝子表現」は「ON」または「OFF」になります。

また、「真理値 割り当て」は「遺伝子表現パターン」に対応します。

よって、ある「遺伝子」の表現を得れば、それに対応する「ブール変数」の値は「1」になり、ある「遺伝子」の表現を得ることができなければ、それに対応する「ブール変数」の値は「0」になります。

*

「n 変数ブール関数」は、「$\{0, 1\}$」から「$\{0, 1\}$」への「写像」として定義されます。

「ブール式」は、「ブール変数」と「¬ (not)」「∧ (and)」「∨ (or)」から構成されます。

単一の「ブール変数」は、「ブール式」になります。

また、「x_i」「x_j」が「ブール変数」なら「$\neg x_i$」「$x_i \land x_j$」「$x_i \lor x_j$」も「ブー

第4章 「DNAコンピューティング」と「バイオ・テクノロジー」

ル式」です。

　なお、通常、「ブール関数」では、「→ (if...then)」は用いませんが、「$x_i \to x_j$」は「$\neg x_i \vee x_j$」で定義できます。

＊

　「ブール変数 x_i」と「ブール変数の否定」の「$\neg x_i$」は「リテラル」と言います ($1 \leq i \leq n$)。

　「項」は「リテラル」の「$\overset{\text{AND}}{\text{連言}}$」です。

　「ブール式」は「項」の「$\overset{\text{OR}}{\text{選言}}$」で表わされるならば、「**選言標準形**」(DNF, disjunctive normal form) と言います。

　すべての「ブール関数」は「DNFブール式」で表現できます。

　任意の固定の「k」について、「k項DNF式」はたかだか「k個」の「項」をもつ「DNFブール式」です。「ブール式 β」の「真理値割り当て」の「$a \in \{0,1\}^n$」による真理値は、「$\beta(a)$」と書きます。

　「DNA 塩基配列」と「生物学的操作」を用いて、「DNF ブール式」の評価アルゴリズムを考えることができます。

　なお、「生物的操作」は、「計算」に対応します。

＊

　以下に、「評価アルゴリズム」の概要を説明します。

【評価アルゴリズム】

　まず、「k項」の「DNF式 β」によって、「DNA 一重鎖」を、次のようにエンコードします。

　なお、「$\beta = t_1 \vee t_2 \vee ... \vee t_k$」は、「$k$項DNF式」です。

---

　(1) DNA 式「β」の各項「$t = l_1 \wedge l_2 \wedge ... \wedge j_j$」で (「$l_i$」($1 \leq i \leq j$) は「リテラル」)、次の形の「DNA 一重鎖」を用います。

$$5'-\mathbf{stopper}-\mathbf{marker}-seqlit_1-...-seqlit_i-3'$$

ここで、「$seqlit_i\ (1 \leq i \leq j)$」は、リテラル「$L_i$」をエンコードした配列。
「**stopper**」は、ポリメラーゼ反応停止のための「停止配列」。
「**marker**」は、抽出のために用いられる特別な「配列」。

(2) 「β」の項「t_j」$(1 \leq j \leq k)$ をエンコードするすべての「配列」を連結します。
「β」をエンコードした「配列」は、「$e(\beta)$」と書きます。

*

たとえば、4 変数「$X_4 = \{x_1, x_2, x_3, x_4\}$」上の 2 項 DNF 式、「$(x_1 \wedge \neg x_2) \vee (\neg x_3 \wedge x_4)$」は、次のようにエンコードされます。

$$5'-\mathbf{marker}-x_1-\neg x_2-\mathbf{stopper}-\mathbf{marker}-\neg x_3-x_4-3'$$

これを図示すると、図 **4.3** になります。

| marker | x_1 | $\neg x_2$ | stopper | marker | $\neg x_3$ | x_4 |

図 **4.3** DNF 式 $(x_1 \wedge \neg x_2) \vee (\neg x_3 \wedge x_4)$ をエンコードする DNA 配列

*

次に、DNF 式「β」をエンコードする DNA 配列「$e(\beta)$」を試験管に入れ、「真理値割り当て」の「$a = (b_1, b_2, ..., b_n)$」で「β」を評価するために、「生物学的操作」を行ないます。

*

「DNF 式」をエンコードする「DNA 塩基配列」の「論理的 評価操作」(logical evaluation operation) のアルゴリズムは、以下の「$B(T, a)$」になります。

第4章 「DNAコンピューティング」と「バイオ・テクノロジー」

【アルゴリズム「$B(T,a)$」】

(1) DNF 式「β」に対応する一重鎖 DNA「$e(\beta)$」を試験管「T」に入れる。

(2) 「$a = (b_1, b_2, ..., b_n)$」を「真理値割り当て」とする。
各「b_i」($1 \leq i \leq n$) について「$b_i = 0$」ならば試験管「T」に「x_i」をエンコードする DNA 部分鎖の (ワトソン=クリック) 相補「$\overline{x_i}$」を入れ、「$b_i = 1$」ならば「T」に「x_i」の相補「$\overline{\neg x_i}$」を入れる。

(3) 「$e(\beta)$」の「相補的 部分配列」に補言を融解するため、試験管「T」を冷却する。

(4) 「DNA ポリメラーゼ」とともに「プライマー拡張」を試験管「T」に適用する。
なお、「プライマー」は「融解相補」とする。

(5) マーカーの「一重副系列」を含む「DNA 系列」を抽出する。

*

図 4.4 は、割り当て「(0000)」で「x_1, x_2, x_3, x_4」の「ワトソン=クリック相補」である「$\overline{x_1}, \overline{x_2}, \overline{x_3}, \overline{x_4}$」が入っていることを表わしています。

〔4.2〕知的DNAチップ

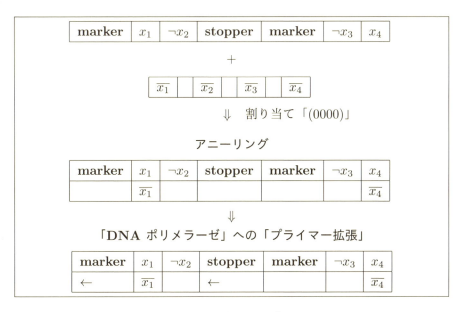

図 4.4 「アニーリング」と「プライマー拡張」

「$\overline{x_1}, \overline{x_4}$」が「アニーリング」によって、式「$(x_1 \wedge \neg x_2) \vee (\neg x_3 \vee x_4)$」をエンコードしています。

また、「DNA ポリメラーゼ」へのプライマー拡張は、プライマー「$\overline{x_3}, \overline{x_4}$」を拡張し、これらのマーカーは「二重らせん」になります。

*

図 4.5 では、割り当て「(1011)」で「$\neg x_1, x_2, \neg x_3, \neg x_4$」の相補「$\neg \overline{x_1}, \overline{x_2}, \neg \overline{x_3}, \neg \overline{x_4}$」を試験管に入れ、「$\neg \overline{x_3}$」が「$(x_1 \wedge \neg x_2) \vee (\neg x_3 \wedge x_4)$」のために「DNA」に「アニーリング」されます。

さらに、「DNA ポリメラーゼ」による「プライマー拡張」で、プライマー「$\neg \overline{x_3}$」が拡張され、「右側のマーカ」は「二重らせん」になり、左側マーカは「一重らせん」のままになります。

第4章 「DNAコンピューティング」と「バイオ・テクノロジー」

アニーリング							
marker	x_1	$\neg x_2$	stopper	marker	$\neg x_3$	x_4	
					$\overline{x_3}$		

⇩

「DNAポリマーゼ」への「プライマー拡張」

marker	x_1	$\neg x_2$	stopper	marker	$\neg x_3$	x_4
				←	$\neg x_3$	

図 4.5 「アニーリング」と「プライマー拡張」

上記で示した「DNAチップ」は「遺伝子表現」を見つけるだけではなく、「遺伝子表現」の「論理式」を見つけるので、「知的」と言えます。

また、固定した「DNAチップ」で「DCN」を変更することで、任意のクラスの「遺伝子表現」を扱えるので、「汎用」と言えます。

＊

次に、「知的DNAチップ」の構成を説明します。

【「知的DNAチップ」の構成】

まず、通常の「DNAチップ」を構成します。

そして、「DNFブール式」をエンコードする「相補DNAらせん」である、「プローブ」(検出子) の集合を用意します。

これらの「プローブ」は、「配列形式」で「ガラス面」に接合されます。

＊

以上のように構成された「DNAチップ」上の「操作」は、次のようになります。

> **(1)** 「mRNA」(メッセンジャーRNA) がサンプルから注出され、「cDNA」(相補DNA) の列が生成される。
> ターゲットの列はサンプルにあるすべての「遺伝子」を記述

する。

(2) (ケース 1: 表現遺伝子)

「表現遺伝子」について、「遺伝子」の「ブール変数」の真理値は「1」になる。

したがって、「ステップ (1)」で生成された「cDNA 列」は、各遺伝子表現が「遺伝子」を表わす「ブール変数」の「否定」をエンコードする、唯一の「DCN 列」に翻訳されるように、「DCN」に翻訳される。

(3) (ケース 2: 非表現遺伝子)

「非表現遺伝子」について、「遺伝子」の「ブール変数」の真理値は「0」になる。

したがって、各「非遺伝子表現」について「遺伝子」を表わす「ブール変数」をエンコードする、唯一の「DCN 列」が生成される。

(4) これらの「DCN 列」は、「ブール式」をエンコードする「DNA 鎖」とともに「DNA チップ」に適用され、その「DNA チップ」に「論理的評価操作」が実行される。

(5) 「論理的評価操作」の後、蛍光タグ相補マーカー列が「DNA チップ」に適用され、一重鎖のままの「DNA チップ」でマーカー副列にアニーリングされる。

(6) もし、「DNA チップ」の要素が色を示せば、その要素における「ブール式」の真理値は「1」、すなわち、その「ブール式」は「遺伝子表現」を満足する。

もし、要素が色を示さなければ、その要素における「ブール式」の真理値は「0」になる。

*

「知的 DNA チップ」の構成は、図 4.6 のようになります。

各要素の「蛍光度」はサンプル中の「遺伝子」の表現レベルに比例するだけではなく、「遺伝子表現パターン」をもつ「要素」の、「表現レベル」にも比例します。

第4章 「DNAコンピューティング」と「バイオ・テクノロジー」

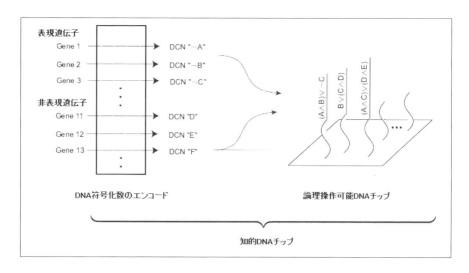

図 4.6 知的 DNA チップの構成

　正確に言うと、「要素」にエンコードされる「DNA ブール式」が「遺伝子表現パターン」を満足しないときは、「式」のすべての「マーカー副列」は「一重鎖」になります。
　この場合、「要素」は「色」を示しません。

　「要素」にエンコードされる「DNA ブール式」が「遺伝子表現パターン」を満足するときは、「式」のある「マーカー副列」は「一重鎖」になり、「要素」は「色」を示します。
　この場合、「蛍光タグ 相補マーカー列」は「一重鎖」の「マーカー副列」に「アニーリング」され、「要素」は「蛍光」を示します。

　もし、「式」のさらなる「マーカー副列」が「一重鎖」なら、すなわち、「表現パターン」を満足するさらなる「項」が存在するなら、さらなる「蛍光タグ 相補マーカー列」は「アニーリング」され、「要素」は、より強い「レベル蛍光」を示します。

この特徴は、「シリコン・コンピュータ」で「論理操作」を実行する他の方法に比べ、「知的 DNA チップ」の大きな利点になります。

＊

「ユニバーサル DNA チップ」「知的 DNA チップ」は、「ソフトウェア的記述」、すなわち、「DCN」を用いて、「化学的操作」を「効率化」しています。

また、「知的 DNA チップ」では、「推論機能」と「学習機能」を組み込むことによって、より知的に「医療診断」などができます。

4.3 自己組織化

「DNA コンピュータ」は、理論的には、「生物学的 発想」に基づく「超小型」「超高速」のコンピュータです。

しかし、「DNA コンピュータ」を実用化するには「アーキテクチャ」と、実際のマシンを構築する技術が必要になります。

「アーキテクチャ」については、第 5 章で説明しますが、もう 1 つの大きな問題はその「構築技術」です。

従来の「コンピュータ」とは異なり、「DNA コンピュータ」は、いかなる「計算モデル」を用いたとしても、「分子レベル」のマシンになります。すなわち、「分子レベル」で「ハード」を実現しなればなりません。

既存の「コンピュータ」の「ハード」は、名前の通り、「金物」の「マシン」です。

また、半導体技術の進歩によって小型化され、携帯できるようになりました。そして、大量生産によって、「コンピュータ」は低価格になり、我々にとって身近なものになりました。

第4章 「DNAコンピューティング」と「バイオ・テクノロジー」

　しかし、「DNAコンピュータ」の場合には、必要なデバイスを大量生産する技術は未だ確立されていません。
　この問題は、「DNAコンピュータ」に限った問題ではなく「ナノ・テクノロジー」全般の問題と言っていいでしょう。

　幸いなことに、人間を含む生物は、自らの体内で「分子」を自律的に生産して生きています。すなわち、生物は、このような機能によって生きています。
　また、類似の機能は、自然界でも多く見られます。

【自己組織化】

　一般に、「自律的な組織」を構築する機能は、「**自己組織化**」(self-organization)と言います。

　「自己組織化」の考え方は、すでに「ニューロ・コンピュータ」の分野では、「**自己組織化マップ**」(self-organizaton map)として研究されています。
　「自己組織化」は、「DNAコンピュータ」の場合、より本質的に応用できると考えられます。

　また、「自己組織化」は、「人工生命」の分野でも注目されています。
　しかし、「自己組織化」の現象は、自然科学のみならず社会科学の中でも見られ、現在では、「**複雑系**」(complex system)の重要な問題になっています。

＊

　「DNAコンピュータ」との関連で「自己組織化」を議論するには、「物理学」、特に「熱力学」の観点が必要になります。
　「熱力学」にはいくつかの基本法則がありますが、ここで理解すべきは「**熱力学第二法則**」(second law of thermodynamics)で、「エントロピー増大の法則」とも言います。

〔4.3〕自己組織化

　「熱力学第二法則」にはさまざまな形式化がありますが、もっとも分かりやすいのは、次の形です。
　すなわち、「熱の移動」は、「不可逆」、すなわち、「熱は高温の物質から低温の物質に移動し、熱が元に戻ることはない」という法則です。

*

　また、別の形式化では、いわゆる、「エントロピー」(entropy) の概念を用います。
　物理学では、「エントロピー」は、「物理系」の「乱雑さ」を表わす指標ですが、「コンピュータ・サイエンス」における「情報量」に関連する「エントロピー」の概念とは異なります。

　「物理学」における「エントロピー」は、物理学的には、「断熱変化」の「不可逆性」を表わす指標として定義されます。
　そうすると、「熱力学第二法則」は、「断熱系」において「不加逆 変化」が生じた場合、その系の「エントロピー」は増大する、と言えます。

　「外界」と完全に独立し、「外界」との「エネルギー」や「物質」の交換ができない「物理系」を、「孤立系」(isolated system) と言います。
　なお、「孤立系」は「閉鎖系」とも言います。
　「孤立系」では、理論的には、「エントロピー」は増大し続け、「平衡状態」に達しますが、このようなことは実際にはまれです。

*

　ここで、「孤立系」では、「エントロピー」が増大しない 2 種類の場合が考えられます。すなわち、「静的秩序」(static order) と「動的秩序」(dynamic order) です。

　「静的秩序」は、「自由エネルギーを放出しつ」くして、「自由エネルギー」の最小状態、すなわち、「平衡状態」に達することで得られる秩序です。

第4章 「DNAコンピューティング」と「バイオ・テクノロジー」

　たとえば、「雪の結晶」や「たんぱく質の結晶」などは、「静的秩序」の例です。

　「静的秩序」では、「外部からの撹乱」がない限り、「状態」は「安定的」に保持されます。

＊

　「動的秩序」は、「定常的」な「自由エネルギーの変換」で得られる「秩序」です。

　「動的秩序」では、その状態は、「時間」が関連し、「秩序化の過程」は「非線形」で非常に複雑なので、「非平衡状態」になります。

　たとえば、「生物の営み」は、「外部」との「エネルギー」や「物質」のやり取りを行なうので、「動的秩序」と考えられます。すなわち、『生きている』、そのものも「動的秩序」と解釈できます。

＊

　「秩序化」は、「乱雑な系」が構成要素同士のさまざまな相互作用によって、秩序をもったパターンや構造を形成する過程です。上記の「静的秩序」「動的秩序」を形成する異なる「秩序化」が考えられます。

　一般に、「平衡系」における「静的秩序化」は「**自己集合**」(self-assembly) と言い、「非平衡系」における「動的秩序」は「**自己組織化**」(self-organization) と言います。

＊

　「自己集合」「自己組織化」の概念は、1977年にノーベル化学賞を受賞したプリゴジン (Ilya Prigogine) によって提案されたものです (Prigogine and Allen (1982) 参照)。

　これらは明確に区別すべきものですが、「自己組織化」という用語で両方を参照することもあります。

〔4.3〕自己組織化

Ilya Prigogine(ベルギー:1917-2003)

【プログラム化された自己集合】

　「ナノ・テクノロジー」の分野では、各種の材料の「自己集合」を制御してデバイスの「小型化」「高性能化」「省エネルギー化」が可能と考えられており、「DNA」の精製に応用できます。しかし、その技術は確立されていません。

　実際、「自己組織化」をコントロールし、さまざまな「DNA」を精製するのは、非常に難しいとされています。これを解決する手法としては、「プログラム化された自己集合」があります。これは、基本的な「DNA」をベースにして任意の「DNA」を「自己集合」として精製する考え方です。

　シーマン (Ned Seeman) は、「DNA ナノテクノロジー」の分野を 2000 年代中期に考案しています (Robinson and Seeman (1987), Seeman (2004) 参照)。
　「**DNA ナノテクノロジー**」(DNA nanotechnology) は、「DNA」の「自己集合」の性質を利用して、ナノスケールの新しい構造体やパターンを精製する技術です (Cabrini and Kawata (2012) 参照)。

第4章 「DNAコンピューティング」と「バイオ・テクノロジー」

Ned Seeman (米:1945-)

　「自己組織化」は「DNAコンピュータ」の「計算モデル」としても研究されています。

　ウインフリー (Winfree) は、「自己集合」を利用した「DNAコンピューティング」を提案しています (Winfree (1998, 2004) 参照)。

Erik Winfree (米:1969-)

　ウインフリーの「モデル」は、シーマンが提案した「DNAナノテクノロジー」とも関連しており、「並列性」と「分子プロセス」を制御する「生化学アルゴリズム」を利用しています。

　よって、「自己組織化」に基づく「DNAコンピュータ」のアイデアは、「DNAコンピューティング」「タイリング理論」「DNAナノテクノロジー」を融合したものと考えられます。

〔4.3〕自己組織化

【タイリング理論】

「タイリング」(tiling) は、「平面内を有限の平面図形で敷き詰める」ことです。ここで、「敷き詰める平面図形」は、「タイル」(tile) と言います。

「タイリング理論」(theory of tilings) は、数学的に「タイリング」を研究する分野で、「コンピュータ・サイエンス」にもさまざまな形で応用されています (Grunbaum and Sheppard (1986) 参照)。

たとえば、『システムの「決定不能性」の証明手法』としても用いられています。

1963 年に、ハオ・ワン (Hao Wang) は、「タイリング問題」の「決定不能性」を証明しています。この結果は、「非周期タイル」が可能であることも暗示しています。

ワンが用いた「タイル」は「ワン・タイル」(Wang tile) と言い、各々の辺が色付けされた同じ大きさの正方形状の「タイル」です。

そして、「タイリング問題」(tiling problem) は、平面上に有限個の「タイル」で、隣接する 2 枚の「タイル」の接する辺の色を、同じである妥当な「タイル」で並べることができるか、判定することです。

*

たとえば、図 **4.7** の 4 種類の正方形のタイル「A」「B」「C」「D」があると仮定します。

第4章 「DNAコンピューティング」と「バイオ・テクノロジー」

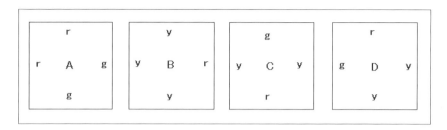

図 4.7　4 種類のタイル

ここで、「r (赤)」「g (緑)」「b (青)」「y (黄色)」は、正方形の辺の色を表わしています。

これらの「タイル」を組み合わせることによって、図 4.8 のように、妥当な「タイル」を生成できます。

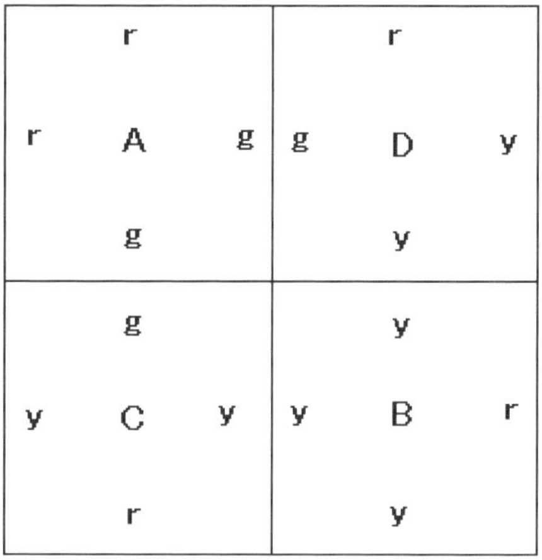

図 4.8　妥当なタイル

しかし、ワンは「タイリング問題」の「決定不能性」を証明しました。

よって、「タイリング問題」は、「チューリング・マシン」の「停止問題」に還元できます。

すなわち、「タイリング」は、理論的には、「汎用コンピュータ」と同等の能力をもちます。

　ウィンフリーが「タイリング理論」に注目したのは、「タイル」が、「水晶」の「原子」の「振動的配列」に対応するためです。
　すなわち、「水晶の成長プロセス」、すなわち、「タイリング」を「計算」と見なせる可能性がある、ということです。

　ウィンフリーは、「ワン・タイル」の成長を記述する「**タイル自己集合モデル**」(tile assembly model) を形式化しています。
　この「モデル」では、「ワン・タイル」の各ラベルは強度 (0, 1 または 2) をもち、ある閾値「τ」(「1」または「2」) より大きければ、「接合」します。

　「チューリング・マシン」は、このプロセスによってシミュレートできるので、「タイリング」の「計算可能性」は保持されます。すなわち、「タイリング」による計算が記述できます。

＊

　たとえば、図 **4.9** のような「$\tau = 2$」の 7 個の「タイル」は、カウントを行なうことができます。

第4章 「DNAコンピューティング」と「バイオ・テクノロジー」

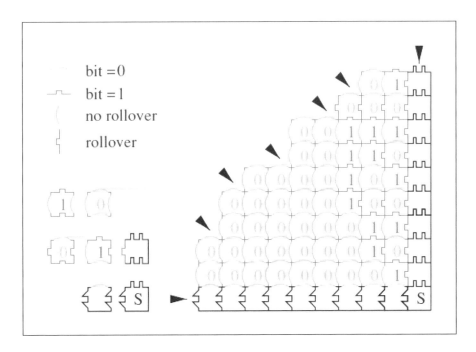

図 4.9 「カウント」を行なう「タイル」(Wnfree (2004) から抜粋)

ここで、強度「2」の「束縛」は、2つの「射影」または「インデント」で表わされ、他の束縛の強度は「1」です。また、矢印は「$\tau = 2$」で「タイルが付加される場所」を表わしています。

この「計算」は、シード・タイル「S」から開始され、「V字形」の成長によって記述されています。
V字の隅に2個の強度「1」の「タイル」が付加されます。
よって、さらに2個の新しい隅が生成され、同様の操作によって「アセンブリー」は成長していきます。

これらのアイデアの最初の例示は、2次元の「周期性 DNA タイル」でした

が、アルゴリズム的ではありませんでした。

しかし、ウィンフリーは、「ワン・タイル」を用いたプログラムの可能性を示しました (Winfree et al. (1998) 参照)。

*

3次元の「周期性タイル」の「配列」の生成は、1980年代にシーマンによって形式化されたものですが、未だ未解決です。

この問題が解決されれば、「チューリング・マシン」にほぼ対応する「自己組織化」を用いた複雑な情報処理が可能になると考えられます。

【「DNA コンピュータ」の研究】

1次元の「自己組織化」の最初の使用は、エーデルマンの「DNA コンピュータ」の例示のために行なわれました。

この「プロセス」は、理論的には、「有限オートマトン」で生成される「言語」の生成に対応します。

なお、マオらは、1次元の「自己組織化」によって「ビット・ストリング」についての「XOR」の操作を実現しています (Mao et al. (2000) 参照)。

また、ウィンフリーらは、2次元の「自己組織化」を用いた2次元「DNA」を記述しています (Winfree et al. (1998) 参照)。

*

2006年、ロスマンド (Rothemund) は、「**DNA 折り紙**」(DNA origami) という任意の2次元の「DNA」を記述する手法を考案しました (Rothemund (2006) 参照)。

「DNA 折り紙」は、「自己組織化」による「DNA コンピュータ」の研究における画期的な成果と考えられます。

*

そして、現在、3次元の「自己組織化」をベースにした「DNA コンピュータ」の研究が行なわれてます。

第4章 「DNAコンピューティング」と「バイオ・テクノロジー」

　ウィンフリーは、彼の論文の最後で、次のように述べています (Winfree (2004) 参照)。

　「DNA 自己組織化」は、電子を利用したのと同様に、生化学に利用する研究の 1 つのステップと考えられる。
　電子コンピュータは、大型および小型電子システムの埋め込み制御を得意にしている。
　我々は、まだ化学ナノシステムの埋め込み制御をもたない。
　プログラム可能なアルゴリズム的生化学システムが最善かもしれない。

　この引用で言及されている『プログラム可能なアルゴリズム的生化学システム』を実現するには、「自己組織化」に基づく「DNA コンピュータ」が必要なのは自明と考えられます。

　　　　　　　　　　　　　　　＊

　「自己組織化」は「学習」の概念とも深く関連しており、「ニューロ・コンピュータ」の分野では、「自己組織化マップ」として知られています。

　よって、「コンピュータ・サイエンス」における「自己組織化」についての成果を、「DNA コンピュータ」の「ハード」「ソフト」に応用することも重要と考えられます。

第5章
「DNAコンピュータ」の構成

この章では、「DNAコンピュータの構成」を説明します。ここでは、「DNAコンピュータのアーキテクチャ」「DNAコンピュータの実用化」について説明します。

5.1 「DNAコンピュータ」の「アーキテクチャ」

　「DNAコンピュータ」は、現在、研究段階であり、「ノイマン型コンピュータ」のような「アーキテクチャ」は存在しません。
　しかし、「DNAコンピュータ」の実用化のためには、「アーキテクチャ」についての議論は不可欠で、その確立が実用化の鍵になると考えられます。

【「DNAコンピュータ」の「アーキテクチャ」】

　「DNAコンピュータ」は、理論的には、「ハード」は「DNA」で構成され、「ソフト」は「DNAコンピューティング」の「計算モデル」で記述されます。
　よって、「DNAコンピュータ」のもっとも単純な「アーキテクチャ」は図5.1のようになります。

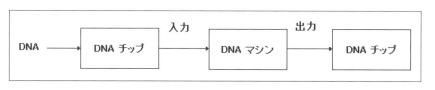

図5.1　「DNAコンピュータ」の「アーキテクチャ」

第5章 「DNAコンピュータ」の構成

　ここで、データの「入力」「出力」は、「DNAチップ」を介して行なわれます。

　実際の計算は、任意の「DNAコンピューティング」の「計算モデル」で行なわれます。

　従来の「DNAコンピュータ」では、特定の問題を解く「計算モデル」が用いられていますが、汎用的な「DNAコンピュータ」では、「万能計算モデル」が必要です。

　なお、「万能計算モデル」とは、「万能チューリング」と計算能力の点で同等な「計算モデル」を意味します。

　しかし、「DNAコンピュータ」はすべての問題を解くには、必ずしも適していません。

　したがって、「万能コンピュータ」である必然性はありません。「DNAコンピュータ」は医療分野への応用がメインなので、「万能医療コンピュータ」でなければいけません。

　上記の「アーキテクチャ」では、「ハード」「ソフト」の両方が「DNA」として構成されます。

　なお、入出力を行なう「DNAチップ」として、「知的DNAチップ」が利用できます。

　また、「DNAナノテクノロジー」を用いた「DNA」の記述も取り入れることもできます。

　これらの場合いは、「入出力」は従来の「ソフト」の手法が応用できます。

【DNAコンピュータの基本コマンド】

　「DNAコンピュータ」で計算を行なうには、「基本コマンド」が必要になり

〔5.1〕「DNAコンピュータ」の「アーキテクチャ」

ます。

*

「基本コマンド」としては、以下のようなものが考えられます。

- $get(T, +s), get(T, -s)$
  試験管「T」から部分配列「s」を含む(含まない)「DNA分子」を取り出す。

- $append(T, s, e)$ 試験管「T」の中にある末端条件「e」を満足する「DNA分子」の端に配列「s」を付加する。

- $merge(T_1, T_2, ..., T_n)$
  試験管「$T_1, T_2, ..., T_n$」の中の「DNA分子」を混ぜる。

- $amplify(T, T_1, T_2, ..., T_n)$
  試験管「T」の「DNA分子」を試験管「$T_1, T_2, ..., T_n$」に分ける。

- $remove(T, s, e)$
  試験管「T」の中にある末端条件「e」を満足する「DNA分子」の端から配列「s」を除去する。

なお、これらのコマンドは、生化学的に実現しなければいけません。言い換えると、「ハード」は分子レベルの構成になります。

なお、これらの基本コマンドは、「万能チューリングマシン」と同等の「計算可能性」をもちます。

すなわち、「DNAコンピュータ」は、理論的には、通常の「ノイマン型コンピュータ」と同じ計算能力をもつことを意味します。

第5章 「DNAコンピュータ」の構成

【チューリング・マシン】

　すでに説明したように、いわゆる「チューリング・マシン」はもっとも強力な計算能力をもつ「オートマトン」です。

　「DNAコンピュータ」の「計算可能性」の議論でも「チューリング・マシン」は用いられので、以下では、少し詳しく説明します。

＊

　「チューリング・マシン」は、1930年代にイギリスの数学者チューリング(Alan Turing)によって提案されました(Turing (1936) 参照)。

　「チューリング・マシン」は現在の「ノイマン型コンピュータ」とは異なる計算機構をもっていますが、理論的にはコンピュータ誕生に大きく貢献したと考えられています。

Alan Turing (英国:1912-1954)

　現在、「チューリング・マシン」は、もっともポピュラーな「**計算理論**」(theory of computation)と考えられています。

　「**計算理論**」は、「**計算可能性**」(computability)の概念を研究する理論で、「アルゴリズム」の理論の基礎になっています。

＊

　なお、「計算理論」には、「チューリング・マシン」の他に「帰納関数」「ラムダ計算」「マルコフ・アルゴリズム」などがあります。

[5.1]「DNAコンピュータ」の「アーキテクチャ」

＊

「チューリング・マシン」は、図 5.2 のような構造をもっています。

図 5.2　チューリング・マシン

　すなわち、「チューリング・マシン」は「テープ」「ヘッド」「制御部」から構成されます。
　ここで、「テープ」は左右両方向に無限に伸びており、マス目で区切られています。
　各マスには、記号を 1 つ書き込むことができます。

　「ヘッド」は、読み書きが可能なマス目の位置を見る (「スキャン」する) ものです。
　よって、「テープ」と「ヘッド」は合わせてコンピュータの「入出力装置」に対応します。
　なお、「ヘッド」は、左右に移動できます。また、「テープ」には無限個の状態を書くことができ、「記憶装置」の機能もあります。

　「制御部」は、「チューリング・マシン」の現在の「状態」を記憶する部分です。
　なお、「制御部」は有限の記憶をもち、「テープ」から読み込んだマスに書かれた記号に対応する操作を行ないます。

　「チューリング・マシン」は、自律的に計算を行ないます。すなわち、「チューリング・マシン」では、「制御部」の「状態」と「テープ」の内容を変更しなが

第5章 「DNAコンピュータ」の構成

ら計算が行なわれます。よって、「制御部」は「CPU」に対応します。

＊

「チューリング・マシン」が「計算」のために行なう「手続き」は、次のとおりです。

(P1) 「ヘッド」が見ている記号を書き換える。

(P2) 「ヘッド」を左に1つ動かす。

(P3) 「ヘッド」を右に1つ動かす。

(P4) 計算を終了する。

なお、(P1) から (P3) では、「制御部」の「内部状態」を変更できます。よって、(P1) からの (P3) の手続きは、「チューリング・マシン」の動作において本質的な役割をもっています。

＊

では、「チューリング・マシン」を厳密に定義します。

【「チューリング・マシン」の定義】

「**テープ記号**」(tape symbol) は、「$S_0, S_1, \cdots, S_n$」と書かれ、「テープ」のマス内に書き込まれる記号を表わします。なお、空白「B」も許されます (「$S_0 = B$」)。

「チューリング・マシン」は、「**内部状態**」(internal state) の「有限集合」、すなわち、「$\{q_0, q_1, \cdots, q_n\}$」をもちますが、ある時点ではその中の1つの状態にあるものとします。

現在の「内部状態」を「q_i」とし、「ヘッド」が見ているマスの記号を「S_j」とするとき、手続き (P1)(P2)(P3) をそれぞれ次のような4重組の形で書くことにします。

〔5.1〕「DNAコンピュータ」の「アーキテクチャ」

(P1)　$q_i S_j S_k q_r$

(P2)　$q_i S_j L q_r$

(P3)　$q_i S_j R q_r$

ここで、4重組の最後の2つは「チューリング・マシン」が行なう手続きと手続き実行後の「内部状態」を表わします。

手続きにおいて、「S_k」はマスの記号を「S_k」に書き換えることを示し、「L」はマスの位置を1つ左に動かすこと、「R」はマスの位置を1つ右に動かすことを示しています。

チューリング・マシン「T」は、「$q_i S_j S_k q_r, q_i S_j L q_r, q_i S_j R q_r$」のいずれかの形をもつ4重組の有限集合として定義されます。
ただし、この「集合」には4重組の最初の2つが同一の「$q_i S_j$」であるような2つの要素はないものとします。

しかし、この仮定は、必ずしも重要ではありません。
すなわち、ここで定義されている「チューリング・マシン」は「**決定性チューリングマシン**」(deterministic Turing machine) と言います。
なお、この仮定を満たさない「チューリング・マシン」は、「**非決定性チューリングマシン**」(non-deterministic Turing machine) と言います。

＊

上記の4重組を理解するために、「チューリング・マシン」を図示してみます。

まず、現在の内部状態とヘッドの位置およびマスの記号、すなわち $q_i S_j$ は、図 **5.3** で表わされます。

第5章 「DNAコンピュータ」の構成

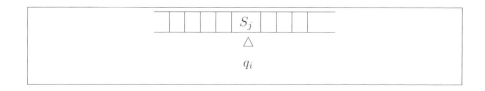

図 5.3 「現在」のチューリングマシン

図 5.3 において、内部状態は「q_i」であり、「ヘッド」が見ているマスの記号は「S_j」になっています。

「チューリング・マシン」で行なわれる可能な手続きによって、図 5.3 は変わります。

(P1) では、図 5.4 のように、「ヘッド」の見ている記号は「S_k」に書き換えられ、内部状態は「q_r」になります。ここで、「ヘッド」の位置は変わりません。

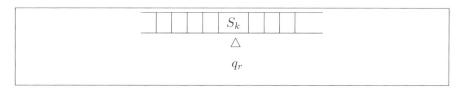

図 5.4 「(P1) 実行後」のチューリングマシン

(P2) では、図 5.5 のように、「ヘッド」を左に1つ動かし、「内部状態」を「q_r」にします。

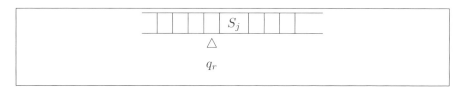

図 5.5 「(P2) 実行後」のチューリングマシン

(P3) では、図 5.6 のように、「ヘッド」を右に1つ動かし、「内部状態」を

[5.1]「DNAコンピュータ」の「アーキテクチャ」

「q_r」にします。

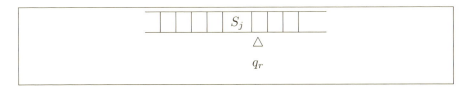

図 5.6 「(P3) 実行後」のチューリングマシン

なお、「チューリング・マシン」の「初期状態」は「q_0」とします。また、「チューリング・マシン」の「**アルファベット**」(alphabet) は 4 重組に出現する「テープ記号」の「集合」になります。

チューリング・マシン「T」の計算動作は、「**時点テープ表示**」(instantaneous tape description) によって厳密に記述できます。

「時点テープ表示」は、「内部状態」と「テープ記号」の要素列を並べたものになります。

「T」の、ある時点でのテープ表示「α」が別の時点でテープ表示「β」に変わることを、「$\alpha \vdash_T \beta$」と書きます。

もし、「$\alpha \vdash_T \beta$」を満足する時点テープ表示「β」が存在しない場合、「T」は「α」で停止します (なお、添字「T」は状況に応じて省略されます)。

チューリング・マシン「T」の「**計算**」(computation) は、「時点テープ表示」の有限列「$\alpha_0,...,\alpha_n$」で表わされます (「$n \geq 0$」)。
ただし、「α_0」に出現する内部状態は、「q_0」、「$\alpha_i \vdash \alpha_{i+1}$」です (「$0 \leq i < n$」)。

また、「T」は「α_n」で停止しなくてはいけません。
「T」が停止したときのテープ上の記号列が、「チューリング・マシン」で計算された「アルゴリズム」の計算結果 (出力) を表わします。

第5章 「DNAコンピュータ」の構成

　なお、「T」が停止しない場合は、計算結果は未定義となります。

　「T」のアルファベット「A^*」上の 1 変数部分関数「f」に対して、すべての「$x \in A^*$」について、

> $x \in \mathrm{dom}(f)$ ならば、T が $f(x)$ を出力し停止し、かつ $x \notin \mathrm{dom}(f)$ ならば、T が正常終了しない、

という条件を満足するとき、『チューリング・マシン「T」は「f」を計算する』と言います。
　ただし、「A^*」は「A」の要素の任意の列（語）全体の「集合」を表わします。

　「計算理論」では、自然数上の「関数」の計算が基本になります。
　なぜなら、コンピュータ内部で行なわれるすべての「計算」は、自然数上の計算に還元できるからです。
　もちろん、「チューリング・マシン」では、任意の記号を扱えますが、数を基本とすると便利です。

*

　「コンピュータ」では、「0」と「1」を用いる「2 進数」によって計算は行なわれますが、「チューリング・マシン」では、「1」のみを用いる「1 進数」が用いられます。

　「自然数」は、

> $0, 1, 2, \ldots$

ですが、「1」のみで「自然数」を表わすと、次のようになります。

〔5.1〕「DNAコンピュータ」の「アーキテクチャ」

$$1, 11, 111, ..$$

では、「チューリング・マシン」による実際の計算を見てみましょう。

【「チューリング・マシン」の計算】

後者関数「$\text{succ}(x) = x+1$」を計算する「チューリング・マシン T_s」は、次の2つの4重組を要素とする集合で定義されます。

$$\{q_0 1 L q_1, q_1 B 1 q_2\}$$

では、「$\text{succ}(0) = 1$」を「T_s」で計算してみましょう。

「T_s」の計算を「時点テープ表示」の列で表わすと、次のようになります。

$$q_0 1 \vdash q_1 B 1 \vdash q_2 11$$

よって、結果は「11」になります。ここで示した計算は、「10進数」では、次のようになります。

$$\text{succ}(0) = 0 + 1 = 1$$

では、この計算の各時点テープ表示を図示してみます。

[1] まず、入力状態（初期状態）の時点テープ表示「$q_0 1$」は、次のようになります。

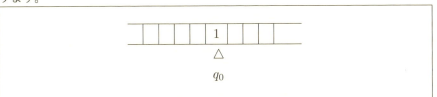

第5章 「DNAコンピュータ」の構成

すなわち、内部状態は「q_0」であり、「ヘッド」が見ているマスには入力「1」が入っています。

[2] 次に、「$q_0 1 L q_1$」よって、「内部状態」は「q_1」に変わり、「ヘッド」は左に1つ動かされます。この時点テープ表示「$q_1 B 1$」は、次のようになります。

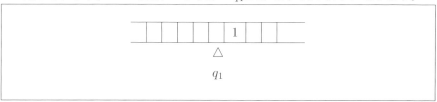

ここで、「B」は「空白」を表わす記号ですが、図では「空白」として図示しています。

[3] 次に、「$q_1 B 1 q_2$」よって、「内部状態」は「q_2」になり、「ヘッド」が見ている空白のマスは「1」に書き換えられます。

この時点テープ表示「$q_2 1 1$」は、次のようになります。

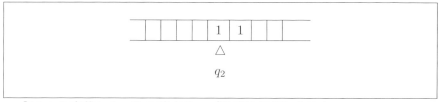

「M_s」の定義から、次の時点テープ表示は存在しません。

よって、「$q_2 1 1$」の「時点テープ表示」から「計算」は停止します。

そして、その「時点」の「テープ」の内容、すなわち、「11」が計算結果になります。

*

2変数以上の「関数」の計算も、同様に行なえます。

「$f(x_1,...,x_n)$」を計算するための「引数」は、テープ上では「*」で区切り、

$$\overline{x}_1 * \overline{x}_2 * \cdots * \overline{x}_n$$

と書きます。ただし、「$\overline{x_i}$」は「x_i」のテープ上の表現です。

　加算関数「$\mathrm{add}(x,y) = x+y$」を計算する「チューリング・マシン T_a」は次の4重組を要素とする集合、

$$\{q_0 1 B q_0, q_0 B R q_1, q_1 1 R q_1, q_1 * 1 q_2,$$
$$q_2 1 R q_2, q_2 B L q_3, q_3 1 B q_3\}$$

で定義されます。

*

では、「$\mathrm{add}(1,2) = 1+2 = 3$」を「$T_a$」で計算してみましょう。

「T_a」の計算は、次のように表わされます。

$$q_0 11 * 111 \vdash q_0 B 1 * 111 \vdash B q_1 1 * 111 \vdash B q_1 1 * 111$$
$$\vdash B 1 q_1 * 111 \vdash B 1 q_2 1111 \vdash B 11 q_2 111 \vdash B 111 q_2 11$$
$$\vdash B 1111 q_2 1 \vdash B 11111 q_2 B \vdash B 1111 q_3 1 B$$
$$\vdash B 1111 q_3 B B$$

よって、計算結果は「1111」になります。
したがって、「$1+2$」の結果である「3」が計算されたことになります。

以下に、この計算の「時点テープ表示」を示します。

[1]　まず、引数「$x=1, y=2$」が入力された「状態」の時点テープ表示「$q_0 11 * 111$」は、次のようになります。

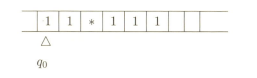

第5章 「DNAコンピュータ」の構成

　まず、「内部状態」は「q_0」であり、「ヘッド」が見ているマスから各マスに「$*$」で区切られた2つの引数「$11*111$」が入っています。

[2]　次に、「$q_0 1 B q_0$」より、「ヘッド」が見ているマスの値を消去します。

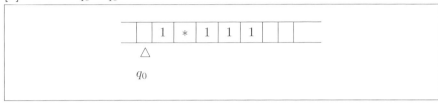

[3]　「$q_0 B R q_1$」により、「内部状態」を「q_1」に変更し、「ヘッド」を右に1つ動かします。よって、「時点テープ表示」は次のようになります。

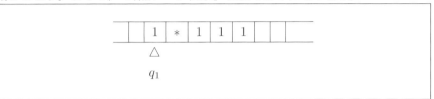

[4]　ここで、「$q_1 R q_1$」より、「ヘッド」は右に1つ動くので、新しい「時点テープ表示」は、次のようになります。

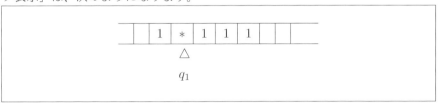

[5]　次に、「$q_1 * 1 q_2$」により、「内部状態」は「q_2」に、「ヘッド」の見ているマスの値は「1」に書き換えられます。

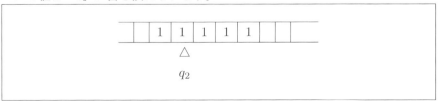

[6] ここで、「$q_2 1 R q_2$」より、「ヘッド」は右へ1つ動きます。

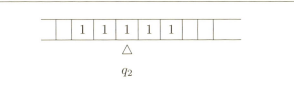

[7] 同様の操作によって、次の「時点テープ表示」は「$B111q_211$」になります。

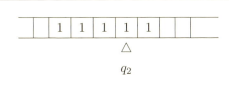

[8] 同じ操作で、ヘッドは右に1つ動きます。

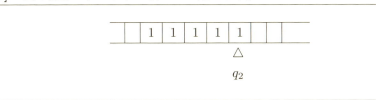

[9] さらに、同じ操作が行なわれます。

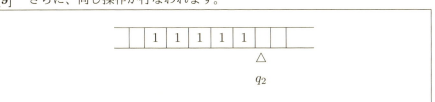

[10] ここで、「$q_2 B L q_3$」により、「内部状態」は「q_3」に変更され、「ヘッド」は左に1つ動きます。新しい「時点テープ表示」は「$B1111q_31B$」になります。

第5章 「DNAコンピュータ」の構成

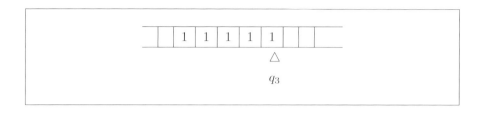

[11] 次に、「$q_3 1 B q_3$」により、「ヘッド」の見ているマスの「1」が消去されます。

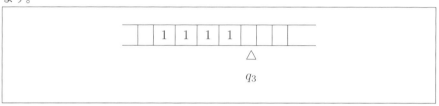

[12] ここで、「時点テープ表示」は「$B1111q_3BB$」ですが、可能な手続きがないので、計算は終了します。よって、この時点での「テープ」の内容、すなわち、「1111」は計算結果になります。

【万能チューリングマシン】

さて、上記で説明してきた「チューリング・マシン」はもっとも単純なもので、「決定性チューリングマシン」です。

また、上記の形式化では、「チューリング・マシン」は、1本の「テープ」しかありませんが、複数の「テープ」を追加することもできます。

複数の「テープ」を複雑な計算の作業域などに用いることができますが、このような複数の「テープ」をもつ「チューリング・マシン」は、「**多テープチューリングマシン**」(multi-tape Turing machine) と言います。

上記では、ある特定の「関数」の計算のために、対応する1つの「チューリング・マシン」を定義しましたが、「チューリング・マシン」を「コンピュータ」

〔5.1〕「DNAコンピュータ」の「アーキテクチャ」

と考えると、このような定義には汎用性はありません。

　このような観点から、すべての計算可能な「関数」を計算する「チューリング・マシン」を考えることができますが、これは「**万能チューリングマシン**」(universal Turing machine) といいます。なお、「万能チューリングマシン」はすべての「チューリング・マシン」をシミュレートできます。

　では、「チューリング・マシン」と「計算可能性」の関係について簡単に説明します。部分関数「f」を計算する「チューリングマシン」が存在するとき、「f」を「**チューリング計算可能**」(Turing computable) と言います。

　「チューリング計算可能性」は「計算可能性」と等しい概念と言えますが、この主張は「**チャーチの提唱**」(Church's Thesis) と言います。
　「チャーチの提唱」は「定理」として証明することはできませんが、現在ではコンピュータ・サイエンスで受け入れられている主張です。

＊

　シャピロの「分子チューリングマシン」は、「記号」が「DNA」である「チューリング・マシン」と考えられます。したがって、「DNAコンピュータ」におけるすべての操作は「チューリング・マシン」で記述でき、「計算可能性」についても議論できます。

5.2 「DNAコンピュータ」の実用化

「DNA コンピュータ」の理論的研究と実験的実装は盛んに行なわれてきましたが、「DNA コンピュータ」の実用化の例はまだ多くありません。

その理由は、「汎用コンピュータ」としての「計算モデル」の研究が収束していないのと、「DNA チップ」による「DNA」の効率的な処理が確立していないこと、などが挙げられます。

第 1 章で簡単に紹介したように、実用化の例としてはシャピロの研究と陶山の研究があります。これらは、(本質的には同じですが) 異なる理論に基づく「DNA コンピュータ」です。

2001 年、イスラエルのシャピロらは、「分子オートマトン」を基礎とする「DNA コンピュータ」を開発しました (Beneson et al. (2001) 参照)。

なお、「分子オートマトン」については、**3.3** 節で解説したとおりです。

この「DNA コンピュータ」はプログラミング可能なものですが、入出力機能に問題がありました。

2004 年、彼らは入出力機能を備えた「前立腺癌」を診断する「DNA コンピュータ」を開発しました (Beneson et al. (2004) 参照)。

この「DNA コンピュータ」は「医療専用コンピュータ」の一種ですが、世界初の実用化と言ってよいでしょう。

「分子オートマトン」を一般化した「分子チューリングマシン」の理論が確立され、それに基づく「DNA コンピュータ」が開発されれば、実用化は加速的に進むと考えられます。

また、「DNA ドクター」が実用化すれば「DNA コンピュータ」の有用性が実証されると考えられます。

〔5.2〕「DNAコンピュータ」の実用化

　2002年に、東京大学の陶山らは、オリンパスと共同で、「ユニバーサルDNAチップ」を用いた遺伝子解析用の「DNAコンピュータ」を開発しました（Suyama (2002) 参照）。

　なお、「ユニバーサルDNAチップ」については、4.1節で解説したとおりです。

　陶山らが開発した「DNAコンピュータ」は、「分子計算部」「電子計算部」から構成されています。

　「分子計算部」は「ユニバーサルDNAチップ」基づき「DNA」の「取得」「検出」を行ないます。

　また、実際の計算は「電子計算部」で分子レベルで行ないます。

　したがって、この「DNAコンピュータ」は「ハード」と「ソフト」の「ハイブリッド」とも考えられます。

　この「DNAコンピュータ」の汎用性を高めるには、「知的DNAチップ」を導入する必要があります。

　4.2節で説明したように、「知的DNAチップ」は学習機能を「ユニバーサルDNAチップ」を付加したものなので「DNAコンピュータ」の計算能力向上に役に立ちます。

　「スティッカー・システム」は「形式言語理論」に基づくので厳密性の点では優れていますが、この「計算モデル」に基づく「DNAコンピュータ」の実用化はまだ行なわれていないと思われます。

　同様に、「自己組織化」「自己集合」も「DNAコンピュータ」の有望な理論ですが、実用化は進んでいないようです。

　いずれにしても、「DNAコンピュータ」の実用化は進行途上です。理論的研

第5章 「DNAコンピュータ」の構成

究がある程度収束してきているので、実用化を含む応用研究が今後加速すると思われます。

第6章

展望

この章では、本書のまとめとして「DNAコンピュータ」について展望します。まず、「DNAコンピュータ」の「現状」を評価し、さらに、「将来」を多角的に予想します。

6.1 現状

　「DNAコンピュータ」の発想(主に物理学的発想)は、ファインマンなどによって、1960年代から暗示されていました。
　しかし、実現されたのは、第3章で詳しく解説したように、1994年のエーデルマンの実験が最初でした。

　その後、理論的および応用的研究が進み、現在、「DNAコンピュータ」の分野は認知されている、と言っていいでしょう。
　すなわち、「DNAコンピュータ」は、「コンピュータ・サイエンス」の、重要で、かつ、将来性のある研究分野に発展しました。

　よって、「DNAコンピュータ」の現状を評価する必要があります。
　もちろん、研究分野が開拓されて約20年の現在で評価を行なうべきか、という問題もあります。しかし、本書のまとめとして簡単に現状の評価を行なうのは意義がある、と考えられます。

＊

　まず、1980年代までの「DNAコンピュータ」の可能性についての理論的研究(ファインマン、ベネットなど)が行なわれたのが何より重要でした。

第6章 展望

当時は夢物語であったと思われる話題ですが、彼らには将来的な洞察があったのでしょう。

そして、1990年代に、実験レベルの研究(エーデルマン、リプトンなど)で「DNAコンピュータ」の構築が可能であることが分かりました。

これらの研究は、超小型・超高速の「DNAコンピュータ」が単なる理論的な「モデル」ではなく、実用化の可能性があるものである、ことを示した点で非常に重要と考えられます。

*

その後、「DNAコンピュータ」のさまざまな「計算モデル」が提案され、実用化の基礎付けになっています。**第4-5章**で紹介したように、「スティッカー・システム」「分子オートマトン」「知的DNAチップ」「自己組織化」などが提案されています。

これらの「計算モデル」の理論は、2000年代までに詳細に研究され、「DNAコンピュータ」の「計算可能性」もかなり明らかになってきています。

これら研究は「DNAコンピュータ」の「アーキテクチャ」を明確にするのに役に立ちますが、個々の「計算モデル」の限界や相互の関係についての研究は充分とは言えません。

*

2000年代中頃から、「DNAコンピュータ」の実用化の研究が進んでいます。シャピロのグループおよび陶山のグループは、医療応用をターゲットにした「DNAコンピュータ」を実用化しています。

その後、「DNAコンピュータ」への期待も大きくなり、多くの研究が行なわれています。「DNAコンピュータ」が「ノイマン型」のコンピュータから完全に移行することはないでしょうが、今後有用なコンピュータの1つになると考えられます。

6.2 将　来

　「DNA コンピュータ」の将来像は夢のような話しになりますが、段階的に可能性を述べます。まず、「DNA コンピュータ」の「アーキテクチャ」が確立されれば、「DNA コンピュータ」は「汎用マシン」として開発できるようになり、確実に普及すると考えられます。

　現段階では、このような「汎用マシン」は、「ソフトウェア」を利用したハイブリッド型になると思われます。10 年以内には、「汎用マシン」は実現され、応用分野が開拓されるでしょう。そのためには、さらなる理論的研究が必要になります。

　現在の「計算モデル」などの基礎理論の展開とともに、新たな考え方も必要になります。たとえば、「汎用マシン」の実現には、萩谷などが推進する「**分子プログラミング**」(molecular programming) が大きな役割を果たすと考えられます (Hagiya (2000) 参照)。

*

　また、「アモルファス・コンピューティング」(amorphous computing) の分子レベルでの実現は、「DNA コンピューティング」の新しい技術になると考えられます。

　「アモルファス・コンピューティング」はアベルソン (Abelson) によって 2000 年に「人工知能」への応用の関連で考案されたものです (Abelson et al. (2000) 参照)。

　その基本的な考え方は「**計算粒子**」(computational particle) という小さい計算ユニットが、それらが不規則に配置されている非結晶構造の中で、さまざまな相互作用を行なって総合的に計算を行なう、というものです。

　よって、「アモルファス・コンピューティング」は「DNA コンピュータ」へ応用できると考えられます。

第6章 展望

　他の「DNA コンピュータ」の「計算モデル」の可能性も追求すべきです。
　さまざまな量子力学的な現象が「量子コンピュータ」に応用されているように、分子生物学的な現象のいくつかは、「DNA コンピュータ」の「計算モデル」のヒントになるかもしれません。

*

　「DNA ナノテクノロジー」がさらに進歩すれば、超小型の「DNA コンピュータ」が実現されるでしょう (小宮他 (2011) 参照)。
　そうすると、シャピロらが提唱する「DNA ドクター」の実用化が視野に入り、医療分野は飛躍的に進歩する可能性があります。

　さらに、将来的に、「DNA コンピュータ」の別の応用分野が認識されるかもしれません。
　たとえば、最近、萩谷らは、分子反応で動作する「**分子ロボット**」(molecular robotics) を提案しています (Murata et al. (2013) 参照)。
　ロボット技術への応用は、有望な応用分野と考えられます。

　「分子ロボット」は、分子によって感覚と知能を備えたロボットになる可能性があります。
　そのためには、「DNA コンピュータ」のみならず「人工知能」などの関連分野の手法を積極的に取り入れる必要があると思われます。
　その意味で、上述の「アモルファス・コンピューティング」は「分子ロボット」との接点になるかもしれません。

　「**人工生命**」(Artificial Life: AL) も、最近注目されている分野です (Langton (1995), 赤間 (2010) 参照)。
　「人工生命」へのアプローチの 1 つは、生物活動をシミュレートすることで、「自己組織化」はその重要な手法です (Wolfram (1983) 参照)。

〔6.2〕将　来

　「分子ロボット」の研究を通じて、「DNA コンピューティング」と「人工生命」との関連性が明確になり、斬新な研究が行なわれる可能性もあります。

　なぜなら、「DNA コンピュータ」は「DNA」などの生命に関連するものによって「計算」を行なうのを目標にしており、「人工生命」は逆に「コンピュータ」によって人工的に生命を実現するのを目標にしているからです。

＊＊

　「DNA コンピュータ」は、「量子コンピュータ」とともに新しいコンピュータ時代を切り開くと考えられます。

　幸い、日本では「DNA コンピュータ」の研究は活発です。今後、日本がこの分野をリードし、「DNA コンピュータ」という魅力的な技術を確立することを願います。

参考文献

Abelson, H., Allen, D., Coore, D., Hanson, C., Rauch, E., Sussman, J. and Weiss, R.: Amorphous computing, *Communications of the ACM*, 43, 74-82, 2000.

Adleman, L.: Molecular computation of solutions to combinatorial problems, *Science*, 266, 1021-1024, 1994.

Adleman, L.: Computing with DNA, *Scientific American*, 279, 54-61, 1998.

赤間世紀:"量子コンピュータがわかる本", 工学社, 2010.

赤間世紀:"人工生命入門", 工学社, 2010.

Akama, S.: *Elements of Quantum Computing*, Springer, Heidelberg, 2015.

Amos, M.: *DNA Computation*, Ph.D. Thesis, Warwick University, 1997.

Amos, M.: *Theoretical and Experimental DNA Computation*, Springer, Berlin, 2005.

Beneson, Y., Paz-Elizur, T., Adar, R., Keinan, E., Livneh, Z. and Shapiro, E.: Programmable and autonomous computing machine made of biomolecules, *Naure*, 414, 430-434, 2001.

Beneson, Y., Gil, B., Ben-Dor, U., Adar, R. and Shapiro, E.: An autonomous molecular computer for logical control of gene expression, *Nature*, 429, 423-429, 2004.

Bennett, C.: The thermodynamics of computation - a review, *International Journal of Theoretical Physics*, 21, 905-940, 1982.

Braich, R., Chelyapov, N., Johnson, C., Rothemund, P. and Adelman, L.: Solution of a 20-variable 3-SAT problem on a DNA computer, *Science*, 296, 499-502, 2002.

Cabrini, S. and Kawata, S.: *Nanofabrication Handbook*, CRC Press, New York, 2012.

Chomsky, N.: *Syntactic Structures*, Mouton, Hague, 1957.

Cook, S.A.: Th complexity of theorem proving procedures, Proc. *of the 3rd Annual ACM Symposium on the Theory of Computing*, 151-158, ACM, New York, 1971.

Conrad, M.: Information processing in molecular systems, *Biosystems*, 5, 1-14, 1972.

Conrad, M.: On design principles for a molecular computer, *Communications of the ACM*, 28, 464-480, 1985.

Conrad, M. and Liberman, E: Molecular computing as a link between biological and physical theory, *Journal of Theoretical Biology* 98, 239-252, 1982.

Crick, F.: On protein synthesis, Proc. *of the Symposia of the Society for Experimental Biology 12*, 138-163, 1958.

Feynman, R.: There's plenty of room at the bottom, D. Gilbert (ed.), *Miniaturization*, 282-296, Reinhold, New York, 1961.

Feynman, R.: Simulating physics with computers, *International Journal of Theoretical Physics*, 21, 467-488, 1982.

Feynman, R., Hey, A. and Allen, R.: *Feynman Lectures on Computation*, Perseus Books, Reading, 1996.

Garey, M. and Johnson, D.: *Computers and Intractability: A Guide to the Theory of NP-Completeness*, W. H. Freeman and Company, New York, 1979.

Grunbaum, B. and Shephard, G.C.: *Things and Pattern*, Freeman, New York, 1986.

Hagiya, M.: From molecular computing to molecular programming, A. Condon and G. Rozenberg (eds.), *DNA 2000*, 89-102, Lecture Notes in Computer Science 2054, Springer, Berlin, 2001.

Hagiya, M., Arita, M., Kiga, D., Sakamoto, K. and Yokoyama, S.: Towards parallel evaluation and learning of Boolean μ-formulas with molecules, DNA Based Computers III, DIMACS Series in Discrete Mathematics and Theoretical Computer Sciences, vo. 48, 57-72, 1999.

萩谷昌巳, 横森貴 (共編):"DNA コンピュータ", 培風館, 2001.

Head, T.: Formal language theory and DNA: An analysis of the generative capacity of specific recombinant behaviors, *Buletin of Mathematical Biology*, 49, 737-759, 1987.

Hjelmfelt, A., Weinberger, E. and Ross, D.: Chemical implementation of neural networks and Turing machines, *Proc. of the National Academy of Sciences*, 88, 10983-10987, 1991.

Kari, L., Paun, G., Rozenberg, G., Salomaa, A., and Yu, S.: DNA computing, sticker systems, and universality, *Acta Informatica*, 35, 401-420, 1998.

Karinski, T. and Sakowski, S.: A theoretical model of the Shapiro finite state automaton built on DNA, *Theoretical and Applied Informatics*, 18, 161-174, 2006.

小宮健, 瀧ノ上正浩, 田中文昭, 浜田省吾, 村田智:"DNA ナノエンジニアリング", 近代科学社, 2011.

Langton, G. (ed.): *Artificial Life: An Overview*, MIT Press, Cambridge, Mass., 1995. 1

Lipton, R.: DNA solution of hard computational problems, *Science*, 268, 542-545, 1995.

参考文献

Mao, C., LaBean, T., Reif, J. and Seeman, N.: Logical computation using algorithmic self-assembly of DNA triple-crossover molecules, *Natture*, 407, 493-496, 2000.

Murata, S., Konagaya, A., Kobayashi, S., Saito, H. and Hagiya, M.: Molecular robotics: A new paradigm for artifacts, *New Generation Computing*, 31, 27-47, 2013.

Ogihara, M. and Ray, A.: Simulating Boolean circuits on a DNA computer, *Algorithmica*, 25, 239-250, 1999.

Ogihara, M. and Ray, A.: DNA computing on a chip, *Nature*, 403, 143-144, 2000.

Paun, G., Rozenberg, G. and Salomaa,A.: *DNA Computing: New Computing Paradigms*, Springer, Berline, 1998. (横森貴, 榊原康文, 小林聡 (訳): "DNAコンピューティング: 新しい計算パラダイム", シュプリンガー・フェアラーク東京, 1999)

Prigogine, I. and Allen, P.M.: The challenge of complexity, W.C. Schieve and P.M. Allen (eds.), *Self-Organization and Dissipative Structures*, 3-39, University of Texas Press, Austin, 1982.

Rivest, R., Shamir, A. and Adleman, L.: A method for obtaining digital signatures and public-key cryptosystems, *Communications of the ACM*, 21, 120-126, 1978.

Robinson, B. and Seeman, N.: The design of a biochip: a self-assembling molecular-scale device, *Protein Engineering*, 1, 295-300, 1987.

Rothemund, P.: Folding DNA to create nanoscale patterns, *Nature*, 440, 297-302, 2006.

Sakakibara, Y. and Suyama. A.: Intelligent DNA chips: logical operation of gene expression profiles on DNA computers, *Genome Informatics*, 11, 33-42, 2000.

Sakamoto, K., Kiga, D., Komiya, K., Gouzu, H., Yokoyama, S., Ikeda, S., Sugiyama, H. and Hagiya, M.: State transitions by molecules, *BioSystems*, 52, 81-91, 1999.

Sakamoto, K., Gouzu, H., Komiyama, K., Kiga, D., Yokoyama, S., Yokomori, T. and Hagiya, M.: Molecular computation by DNA hairpin formation, *Science*, 288, 1223-1226, 2000.

Seeman, N.C.: Nanotechnology and the double helix, *Scientific American*, 290, 64-75, 2004.

Shannon, C.E.: Communication theory of secrecy systems, *Bell System Technical Journal*, 28, 656-715, 623-656, 1949.

Shapiro, E. and Benenson, Y.: Bring DNA computers to Life, *Scientific American*, 294, 44-51, 2006.

Suyama, A.: Programmable DNA computer with application to mathematical and biological problems, *Preliminary Proc. of the 8th International Meeting on DNA Based Computers*, 2002.

Suyama, A., Nishida, N., Kurata, K. and Omagari, K.: Gene expression analysis by DNA computing, *Currents in Computational Molecular Biology*, 12-13, Universal Academy Press, Tokyo, 2000.

Turing, A.: On computable numbers, with an application to the Entscheidungsproblem, *Proc. of the London Mathematical Society 42*, 230-265, 1936.

Wang, H.: Dominoes and AEA case of the decision problem, J. Fox (ed.), *Mathematical Theory of Automata*, 23-55, Polytechnic Press, Brooklyn, NY, 1963.

Watson, J.D. and Crick, F.H.: A structure for deoxyribose nucleic acid, *Nature*, 171, 737-738, 1953.

Watson, J.D., Baker, T.A., Bell, S.P., Gann, A., Levine, M. and Losick, R.: Molecular *Biology of the Gene*, Benjamin, 1965.

Watson, J.D., Baker, T.A., Bell, S.P., Gann, A., Levine, M. and Losick, R.: *Molecular Biology of the Gene*, 7th Edition, Benjamin Cummings, 2013.

Winfree, E.: *Algorithmic Self-Assembly of DNA*, Ph.D. Thesis, California Institute of Technology, 1998.

Winfree, E.: DNA computing by self-assembly, *Proc. of the 9th Annual Symposium on Frontiers of Engineering*, 31-38, 2004.

Winfree, E., Liu, F., Wenzler and Seeman, N.: Design and self-assembly of two-dimensional DNA crystals, *Nature*, 394, 539-544, 1998.

Wolfram, S.: Statistical mechanics of cellular automata, *Review of Modern Physics*, 55, 601-644, 1983.

索 引

数字

- 0 型言語 ················· 79
- 0 型文法 ················· 79
- 1 型言語 ················· 80
- 1 型文法 ················· 79
- 2 型言語 ················· 80
- 2 型文法 ················· 80
- 3 型言語 ················· 80
- 3 型文法 ················· 80

五十音順

≪あ行≫

- あ アガロース・ゲル ················· 36
- 扱いやすい問題 ················· 40
- アデニン ················· 22
- アニーリング ················· 31
- アビチン ················· 37
- アモルファス・コンピューティング ················· 137
- アルファベット ················· 123
- う ウラシル ················· 24
- え 塩基 ················· 21
- エントロピー ················· 105
- お オートマトン ················· 70

≪か行≫

- か 開始記号 ················· 77
- 書き換え規則 ················· 77
- 可逆計算 ················· 12
- 核酸 ················· 21
- 核酸塩基 ················· 22
- き 帰納的可算言語 ················· 68
- 逆転写 ················· 28
- く 句構造文法 ················· 77
- グアニン ················· 23
- け 計算 ················· 64, 123
- 計算可能性 ················· 118
- 計算モデル ················· 59
- 計算粒子 ················· 137
- 計算量 ················· 39
- 計算量のオーダ ················· 39
- 計算理論 ················· 118
- 形式言語 ················· 76
- 形式文法 ················· 76
- 決定性アルゴリズム ················· 40
- 決定性チューリングマシン ················· 121
- 決定性有限オートマトン ················· 75
- ゲノム ················· 21
- ゲル電気泳動 ················· 30
- こ 孤立系 ················· 105
- コンタクト・ネットワーク ················· 53
- コンピュータ ················· 7
- コーディング ················· 67

≪さ行≫

- さ 酸 ················· 21
- し シトシン ················· 23
- 終端記号 ················· 77
- 修復 ················· 28
- 初期状態 ················· 71
- 真理値表 ················· 45
- 自己集合 ················· 106
- 自己組織化 ················· 104, 106
- 自己組織化マップ ················· 104
- 時点テープ表示 ················· 123
- 弱コーディング ················· 66
- 受理状態 ················· 71
- 充足可能性問題 ················· 43
- 状態 ················· 71
- 状態遷移表 ················· 72
- 状態遷移関数 ················· 71
- 状態遷移図 ················· 74
- 人工生命 ················· 138
- す スティッカー操作 ················· 59
- スティッカー・システム ················· 16, 59
- スプライシング ················· 28
- スプライシング・システム ················· 14, 88
- せ 正規言語 ················· 66, 80
- 正規文法 ················· 80
- 制御酵素 ················· 30
- 静的秩序 ················· 105
- 選言 ················· 44
- 選言標準形 ················· 96
- セントラル・ドグマ ················· 27
- 前立腺がん ················· 83
- そ 相補性 ················· 25
- 増幅 ················· 31

≪た行≫

- た タイリング ················· 109
- タイリング問題 ················· 109
- タイリング理論 ················· 109
- タイル ················· 109
- タイル自己集合モデル ················· 111
- 妥当 ················· 46
- ち 知的 DNA チップ ················· 91
- チミン ················· 23
- チャーチの提唱 ················· 131
- チューリング=チャーチ提唱 ················· 68
- チューリング計算可能 ················· 131
- チョムスキー階層 ················· 79
- て 適格開始列 ················· 61
- 手に負えない問題 ················· 40

索 引

転写	28
テープ記号	120
デオキシリボース	22
と 動的秩序	105

《な行》

な 内部状態	120
に 二重らせん構造	59
入力記号	71
ニューロ・コンピュータ	8
ぬ ヌクレオシド	21
ヌクレオチド	21
ね 熱力学第二法則	104

《は行》

は 排他的 PCR	58
ハミルトン経路問題	14
バイオ・テクノロジー	90
バイオ・コンピュータ	8
万能チューリングマシン	131
ひ 非決定性アルゴリズム	41
非決定性チューリング機械	121
非決定性有限オートマトン	75
非終端記号	77
否定	44
ヒトゲノム	21
ビオチン	37
ふ 複雑系	104
複製	27
ブラウン・コンピュータ	12
分子オートマトン	70
分子プログラミング	137
分子ロボット	138
文脈依存言語	80
文脈依存文法	79
文脈自由言語	80
文脈自由文法	80
プライマー	29
へ ヘアピン	55
変形文法	81
ほ 翻訳	28
ポリメラーゼ連鎖反応	29

《ま行》

ま マルチテープチューリングマシン	130
マージ	31
む 無制限言語	79
無制限文法	79

《や行》

ゆ 融解	31
融解温度	31

有限オートマトン	71
有限オートマトンモデル	75
有限状態機械	71
ユニバーサル DNA チップ	91

《ら行》

ら ライゲーション	56
り リテラル・ストリングス	55
リボース	22
量子コンピュータ	7
れ 連言	44
連言標準形	46
ろ 論理的評価操作	97

《わ行》

わ ワン・タイル	109

アルファベット順

《D》

DNA	21
DNA ドクター	86
DNA 折り紙	113
DNA コンピュータ	7
DNA チップ	90
DNA ナノテクノロジー	107
DNA 符号化数	91
DNA ポリメラーゼ	29
DNA リガーゼ	56

《N》

NP 完全問題	42
NP 問題	41

《M》

mRNA 分子	83

《P》

PCR	31
P=NP 問題	41
P 問題	40

《R》

RNA	21
RSA 暗号	15

《S》

SAT engine	55
SAT 問題	15

[著者略歴]

赤間 世紀（あかま・せいき）

1984 年	東京理科大学理工学部経営工学科卒業
同　年	富士通株式会社入社
1990 年	工学博士（慶應義塾大学）
1993 ～ 2006 年	帝京平成大学情報システム学科講師
2006 年	シー・リパブリックアドバイザー
2008 ～ 2010 年	筑波大学大学院システム情報工学研究科客員教授

[主な著書]

R ではじめるプログラミング
LATEX 論文作成マニュアル
集合知入門
ビッグデータがわかる本
基礎からわかる統計学
「R」ではじめる統計
マルチメディア入門［増補版］
Processing GUI プログラミング
Maximaで学ぶ微分方程式　他、多数。　　　（以上、工学社）

Elements of Quantum Computing
Introduction to Annotated Logics　　　（以上、Springer）

本書の内容に関するご質問は、
① 返信用の切手を同封した手紙
② 往復はがき
③ FAX (03) 5269-6031
　　（返信先の FAX 番号を明記してください）
④ E-mail　editors@kohgakusha.co.jp
のいずれかで、工学社編集部あてにお願いします。
なお、電話によるお問い合わせはご遠慮ください。

I/O BOOKS

DNA コンピュータがわかる本

平成 27 年 5 月 25 日　初版発行　© 2015

著　者	赤間　世紀
編　集	I/O 編集部
発行人	星　正明
発行所	株式会社 **工学社**
	〒160-0004 東京都新宿区四谷4-28-20 2F
電話	(03)5269-2041 (代) ［営業］
	(03)5269-6041 (代) ［編集］
振替口座	00150-6-22510

※定価はカバーに表示してあります。

[印刷] 図書印刷 (株)

ISBN978-4-7775-1897-5